DGFP e.V. (Hg.)

Employer Branding

Die Arbeitgebermarke gestalten
und im Personalmarketing umsetzen

DGFP-PraxisEdition | Band 102

Herausgegeben von der Deutschen Gesellschaft für Personalführung e.V.

DGFP e.V. (Hg.)

Employer Branding
Die Arbeitgebermarke gestalten
und im Personalmarketing umsetzen

DGFP e. V. (Hg.)

Employer Branding
Die Arbeitgebermarke gestalten und im Personalmarketing umsetzen

DGFP-PraxisEdition Band 102
Reihenherausgeber:
Deutsche Gesellschaft für Personalführung e. V., Düsseldorf

Bibliografische Information der Deutschen Nationalbibliothek
Die Deutsche Nationalbibliothek verzeichnet diese Publikation in der Deutschen Nationalbibliografie;
detaillierte bibliografische Daten sind im Internet über http://dnb.d-nb.de abrufbar.

2. Auflage 2012

Gesamtherstellung und Verlag:
W. Bertelsmann Verlag GmbH & Co. KG
Postfach 10 06 33, 33506 Bielefeld
Telefon: (05 21) 9 11 01-11, Telefax: (05 21) 9 11 01-19
E-Mail: service@wbv.de, Internet: wbv.de
Signet PraxisEdition: Grafikstudio HÜGEMO
Umschlag, Gestaltung und Satz: Christiane Zay, Potsdam

Alle Rechte vorbehalten. Kein Teil dieses Werkes darf ohne schriftliche Genehmigung des Herausgebers und des Verlages in irgendeiner Form reproduziert, in eine andere Sprache übersetzt, in eine maschinenlesbare Form überführt oder in körperlicher oder unkörperlicher Form vervielfältigt, bereitgestellt oder gespeichert werden. Die Wiedergabe von Warenbezeichnungen, Eigennamen und sonstigen Bezeichnungen in diesem Werk berechtigt nicht zu der Annahme, dass diese frei verfügbar seien und von jedermann benutzt werden dürfen, auch wenn diese nicht eigens als solche gekennzeichnet sind.

Die Autoren und der Verlag haben die in dieser Veröffentlichung enthaltenen Angaben mit größter Sorgfalt zusammengestellt. Sie können jedoch nicht ausschließen, dass vereinzelte Informationen auf irrtümlichen Angaben beruhen oder bei Drucklegung bereits Änderungen eingetreten sind. Aus diesem Grund kann keine Gewähr und Haftung für die Richtigkeit und Vollständigkeit der Angaben übernommen werden, soweit mit dem Produkthaftungsgesetz vereinbar.

Dieses Buch enthält Verweise auf Internetseiten, deren Inhalte zum Zeitpunkt der Linksetzung mit größter Sorgfalt ausgewählt und geprüft wurden. Auf die Aktualität, Richtigkeit und Vollständigkeit der Inhalte sowie die aktuelle und zukünftige Gestaltung der verlinkten/verknüpften Seiten haben Herausgeber und Verlag keinerlei Einfluss. Wir distanzieren uns ausdrücklich von allen Inhalten aller verlinkten/verknüpften Seiten, die nach der Linksetzung verändert wurden, und übernehmen keine Haftung.

ISBN 978-3-7639-3869-8 (Print)   **Bestell-Nr. 6001968**
ISBN 978-3-7639-3870-4 (E-Book)
© 2012, W. Bertelsmann Verlag GmbH & Co. KG, Bielefeld

Inhaltsverzeichnis

Vorwort 9

1	**Vom Personalmarketing zum Employer Branding**	**11**
1.1	Personalmarketing und Employer Branding – Zusammenhänge und Abgrenzung *(Alfred Lukasczyk)*	11
1.2	Strategisches und operatives Employer Branding – das Konzept *(Alfred Lukasczyk)*	15
2	**Strategisches Employer Branding**	**19**
2.1	Einflussfaktoren des Employer Branding analysieren *(Anja Seng, Sascha Armutat)*	19
2.1.1	Unternehmensexterne Einflussfaktoren identifizieren	19
2.1.2	Unternehmensinterne Einflussfaktoren identifizieren	22
2.1.3	Informationsverarbeitung: Portfolio-Analyse	28
2.1.4	Personalbedarf identifizieren	31
2.2	Die Employer Brand strategisch ableiten und positionieren *(Max Lehmann)*	33
2.2.1	Erste Dimension: Definition der Employer Value Proposition als Kern der Employer-Branding-Strategie	33
2.2.2	Zweite Dimension: Übersetzen der Inhalte in eine Bildwelt	37
2.2.3	Dritte Dimension: Ableiten von passenden Aktivitäten	40
2.3	Die Employer Brand führen *(Alfred Lukasczyk)*	40
2.4	Unternehmensbeispiel: Strategisches Employer Branding bei der Deutschen Lufthansa AG *(Michael Tobler)*	45
3	**Employer Branding operativ umsetzen**	**53**
3.1	Umsetzung der Employer Brand in den Personalinstrumenten *(Susanne Siebrecht)*	53
3.1.1	Marke erleben – internes Employer Branding	55
3.1.2	Glaubwürdige Marke – externes Employer Branding	55
3.1.3	Unternehmensbeispiel: Operationalisierung der Employer Brand: Zielgruppenfokus bei Lufthansa – „Die Richtigen richtig ansprechen" *(Michael Tobler)*	58
3.2	Imagebezogene Kommunikationsmaßnahmen	65
3.2.1	Kontextfaktoren der Ausgestaltung von Kommunikationsmaßnahmen *(Anja Seng)*	65
3.2.2	Kategorisierung von Kommunikationsmaßnahmen	68

3.2.3	Unternehmensbeispiel Continental AG: „Der Einfluss der Employer Communication auf die Arbeitgebermarke wird immer stärker" *(Sehnaz Özden)*	71
3.3	Berücksichtigung der Employer Brand bei der anlassbezogenen Zielgruppenansprache	73
3.3.1	Attraction *(Astrid Witrahm)*	73
3.3.2	Unternehmensbeispiel: Karriere 2.0 – ein innovatives Beispiel aus der Haniel-Gruppe *(Astrid Witrahm)*	74
3.3.3	Recruiting *(Astrid Witrahm)*	79
3.3.4	Retention und Employer Branding *(Sascha Armutat)*	85
3.4	Ansatzpunkte für die Umsetzung des Employer Branding in den Bereichen Produktmarketing und Unternehmenskommunikation: Unternehmenskommunikation gestalten *(Sehnaz Özden)*	88
3.4.1	Ausgewählte Medien der internen Employer-Kommunikation bei Continental	89
3.4.2	Kommunikation über verschiedene Kanäle: Die externe HR-Kommunikation	90
3.4.3	Fazit	93
4	**Internationalisierung von Arbeitgebermarken**	**95**
4.1	Allgemeine Zusammenhänge *(Alfred Lukasczyk)*	95
4.2	Unternehmensbeispiele für die Internationalisierung von Employer-Branding-Maßnahmen *(Sehnaz Özden)*	97
4.2.1	Fallbeispiel: Internationalisierung des Studentenbindungsprogramms ProMotion	97
4.2.2	Fallbeispiel: Internationale Studentenbindung auf höchstem Niveau: Das Global Engineering Internship Program (GEIP)	100
4.2.3	Fallbeispiel: Gewinnung von Ingenieursnachwuchs durch Projektsupport: Die Formula-Student-Initiative, ein internationaler Konstruktionswettbewerb	101
5	**Besonderheiten des Internal Branding: Behavioral Branding und Leadership Branding** *(Susanne Siebrecht)*	**105**
5.1	Einleitung	105
5.2	Begrifflichkeit	106
5.3	Internal-Branding-Prozess	111
5.4	Instrumente des Internal Branding	114
5.5	Markenwerte nachhaltig verankern	115

5.6	Praxisbeispiel Benteler Automobiltechnik, Region Mercosur: Unternehmenswerte als Leitbild und Orientierung im täglichen Umgang miteinander – Herausforderungen im internationalen operativen Business	117
5.6.1	Unternehmen und Ausgangssituation	117
5.6.2	Projekt	119
5.6.3	Umsetzung	120
5.6.4	Erfolgsmessung	121
5.6.5	Fazit	121

6	**Social Media einsetzen beim Employer Branding** *(Martin Poreda)*	**123**
6.1	Digital Natives – die High Potentials von morgen	123
6.2	Relevante Social-Media-Kanäle für das Personalmanagement	125
6.3	Strategische Einbindung von Social Media in das Employer Branding	130
6.4	Risiken und Nebenwirkungen	133
6.5	Social-Media-Kosten	135
6.6	Ausblick: Social Media – „Hype" oder sinnvoller Recruiting-Kanal?	137

7	**Controlling des Employer Branding** *(Alfred Quenzler)*	**139**
7.1	Einführung	139
7.1.1	Über Sinn und Unsinn von Kennzahlen	139
7.1.2	Das Dilemma des Personalcontrollings	141
7.2	Personalcontrolling und Employer Branding	143
7.2.1	Definition und Zielsetzung	143
7.2.2	Aufgaben und Dimensionen	145
7.2.3	Employer-Branding-Controlling	147
7.3	Bestehende Ansätze des Employer-Branding-Controllings	148
7.3.1	Ziele und Inhalt	148
7.3.2	Voraussetzungen	150
7.3.3	Verbreitung	150
7.4	Konzeption und Entwicklung eines Controlling-Standards für das Employer Branding	152
7.4.1	Der Arbeitskreis „HR-Marketing- und Recruiting-Controlling" des Queb e.V.	152
7.4.2	Kennzahlen für das Employer Branding	157
7.4.3	Mögliche Integration in Steuerungssysteme	158
7.5	Fazit	160

8	**Akteure und Strukturen – Employer Branding organisieren**	
	(Anja Seng, Sascha Armutat)	**163**
8.1	Akteure und Schnittstellen des Employer Branding im Überblick	163
8.2	Möglichkeiten der Organisation	168

9	**Employer Branding im Mittelstand** *(Anja Seng)*	**171**
9.1	Talentrekrutierung erfordert Employer Branding	171
9.2	Hochschulmarketing im Mittelstand	176
9.3	Ansatzpunkte für ein Employer Branding im Mittelstand	178

10	**Ausblick: Perspektiven für das Employer Branding**	
	(Sascha Armutat, Alfred Quenzler)	**181**

11	**Anhang**	**187**
11.1	Literaturverzeichnis	187
11.2	Abbildungsverzeichnis	192
11.3	Autorenverzeichnis	194
11.4	Stichwortverzeichnis	198

Zeichenerklärung

Abbildungen

Checklisten

Interne Seitenverweise

Tipps

Verweise auf weitere Informationen im Internet

Vorwort

Der neue „War for Talents" hat begonnen. Egal, wie groß das Unternehmen ist und welcher Branche es angehört – der Fachkräftemangel ist da und nimmt zu. Ob Unternehmen darauf reagieren, indem sie auf Frauen oder Männer mit familiären Verpflichtungen, auf ältere Mitarbeiter oder auf Mitarbeiter mit Migrationshintergrund zugehen oder innovative Programme für die Generation Y oder Z schaffen: Keine Strategie kann auf das Nachdenken über die eigene Attraktivität als Arbeitgeber verzichten.[1] Das Employer Branding ist ein Leitthema eines zukunftsorientierten, integrierten Personalmanagements.

Welche Herausforderungen in diesem Zusammenhang bestehen und wie Unternehmen damit umgehen, zeigen die Expertinnen und Experten des DGFP-Arbeitskreises Employer Branding in dieser Publikation auf. Dabei nehmen sie die Überlegungen des Personalmarketings auf und übersetzen dieses auf die umfangreichere Aufgabe der Markenbildung als Arbeitgeber.

Der Dank für die Diskussions- und die geleisteten Manuskriptbeiträge gilt (in alphabetischer Reihenfolge):

Max Lehmann	UniCredit Bank AG, München
Alfred Lukasczyk	Evonik Industries AG, Essen
Sehnaz Özden	Continental AG, Hannover
Martin Poreda	kununu GmbH, Wien
Prof. Dr. Alfred Quenzler	Hochschule für angewandte Wissenschaften Ingolstadt, Promerit AG, München und Frankfurt am Main
Prof. Dr. Anja Seng	FOM Hochschule für Oekonomie & Management, Essen
Susanne Siebrecht	ehemals Benteler Deutschland GmbH, Paderborn
Michael Tobler	Deutsche Lufthansa AG, Frankfurt am Main
Astrid Witrahm	ehemals Xella International GmbH (Haniel-Gruppe), Duisburg

---

1 Wenn in diesem Buch von Mitarbeitern, Führungskräften oder anderen Personen gesprochen wird, sind immer gleichermaßen Frauen und Männer gemeint. Der Verzicht auf geschlechtsspezifische Differenzierung soll allein die Lesbarkeit verbessern.

Vonseiten der DGFP e.V. hat Dr. Sascha Armutat das Veröffentlichungsprojekt inhaltlich gesteuert und an der Manuskriptfassung mitgewirkt. Administrativ begleitet wurde das Projekt von Susanne Kath und Lena Anlauf, die auch das Layout sowie das Vorlektorat durchgeführt haben und von Johannes Mikutta unterstützt wurden. Das Lektorat des Manuskriptes lag bei Siegrid Geiger, Eckental.

Prof. Dirk Sliwka, Universität zu Köln, Karl-Heinz Große Peclum und Joachim Höper, W. Bertelsmann Verlag, haben als DGFP-Herausgeberrat die Veröffentlichung dieses Arbeitsergebnisses in der DGFP-Schriftenreihe PraxisEdition empfohlen.

Wir wünschen allen Lesern eine konstruktive Lektüre und viele Impulse für die eigene Unternehmenspraxis.

Hendrik Leuschke,
Geschäftsführer Deutsche Gesellschaft für Personalführung e.V.

1 Vom Personalmarketing zum Employer Branding

Fachkräftemangel und Bedürfnisse der neuen Mitarbeitergeneration machen einen umfassenderen Ansatz notwendig, um Bewerber und Mitarbeiter für das Unternehmen zu begeistern. Das Employer Branding ist ein derartiges ganzheitliches Konzept: Strategisch geht es um die Gestaltung und Führung der Arbeitgebermarke, operativ um die Umsetzung der Marke in konkrete Aktivitäten.

1.1 Personalmarketing und Employer Branding – Zusammenhänge und Abgrenzung *(Alfred Lukasczyk)*

„Marketing wird hier nicht mehr, wie bis in die 60er Jahre hinein, gleichgesetzt mit ‚Absatzwirtschaft', sondern in einem weiten Sinne verstanden als Marktforschung und Marktgestaltung, hin und wieder auch beschrieben als Führung des Unternehmens vom Markt her."[2] So umschrieb bereits 1989 Hans Strutz, Herausgeber des ersten „Handbuch Personalmarketing", das Wesen des Personalmarketings. Gleichzeitig bemängelte er das geringe Verständnis der Unternehmen für diese umfassende Sicht von Personalmarketing, das damals bestenfalls eine Stützfunktion der Personalbeschaffung darstellte. Inzwischen sind mehr als 20 Jahre vergangen, ohne dass die elementaren Fragen abschließend beantwortet werden konnten: Was ist Personalmarketing? Und warum ist Personalmarketing immer noch so beschaffungs- bzw. rekrutierungslastig?

Personalmarketing in der Diskussion

Eine Antwort zumindest auf die zweite Frage suggeriert der Begriff „Employer Branding", der auf die Fachwelt eine Art nebulöse Faszination ausübt. Denn der Ruf nach einer starken Employer Brand wird gegenwärtig immer dann erst richtig laut, wenn ein akuter Personalbeschaffungsdruck besteht. Auch hier lohnt jedoch der Blick in die Vergangenheit, denn bereits 1996 weisen Ambler und Barrow auf die Vorteile einer analogen Anwendung der Führungsprinzipien von Produktmarken auf eine Arbeitgebermarke hin.[3]

---

2   Strutz 1989.
3   Ambler, Barrow 1996.

Notwendige Begriffsdifferenzierung

Über das Verhältnis bzw. die Abgrenzung von Personalmarketing und Employer Branding wird in der Praxis sehr intensiv diskutiert. Welcher Begriff ist über- und welcher untergeordnet? Was ist eher strategisch ausgerichtet und was ist mehr operativ? Ist Personalmarketing ein Teil des Employer Branding oder umgekehrt? All diese Fragen sind Diskussionsgegenstand in Konferenzen, Seminaren und infolgedessen häufig auch in der betrieblichen Praxis.

Eine klare Begriffsdifferenzierung ist nicht einfach. Auch wenn die Unterschiede zwischen Employer Branding und Personalmarketing konzeptionell klar sind – in der Praxis verwischen die Begriffe zunehmend bis hin zu einer synonymen Verwendung. Dem schließen sich die Autoren dieser Publikation nicht an. Im Folgenden wird das Employer Branding als übergeordnetes Konzept verstanden, das den Rahmen für das konkretere und anlassbezogene Personalmarketing bietet:

Definition Personalmarketing

Das Personalmarketing wird als eine Querschnittsfunktion des betrieblichen Personalmanagements verstanden, die sich mit allen Aktivitäten beschäftigt, durch die ein Arbeitgeber gezielt potenzielle Mitarbeiter für die Arbeit im Unternehmen interessiert und systematisch dem Unternehmen bereits angehörende Mitarbeiter für die Arbeit im Unternehmen begeistert. Dazu gehört ebenfalls die Mitgestaltung der „Produkte" des Personalmanagements des Unternehmens – vom Auswahlverfahren über die Führungs- und Vergütungssysteme bis hin zu Instrumenten der Personalfreisetzung sowie die Personalkommunikation, das heißt die Maßnahmen der markenorientierten Information über die Arbeit des Unternehmens auf unternehmensinternen und -externen Kanälen.

Als Ziele des Personalmarketings werden in der Regel formuliert:

- Rekrutierung neuer Mitarbeiter (enger, beschaffungsorientierter Ansatz),
- Rekrutierung neuer und Bindung gegenwärtiger Mitarbeiter (mittlerer, personalpolitischer Ansatz),
- Rekrutierung neuer, Bindung gegenwärtiger Mitarbeiter sowie Ausrichtung der Personalarbeit an den Markterfordernissen (weiter, unternehmenspolitischer Ansatz).

Im Allgemeinen wird unter Employer Branding die zielgerichtete Planung, Steuerung, Koordination und Kontrolle der Employer Brand verstanden. Es hat laut Definition des Queb e. V. „… zum Ziel, in den Wahrnehmungen zu einem Arbeitgeber eine unterscheidbare, authentische, glaubwürdige, konsistente und attraktive Arbeitgebermarke auszubilden, die positiv auf die Unternehmensmarke einzahlt."[4] Die Arbeitgebermarke – die Employer Brand – bündelt alle Eigenschaften, die das Produkt „Arbeit" in dem jeweiligen Unternehmen kennzeichnen – vom Aufgabenzuschnitt über die Gestaltung der Arbeitsbedingungen bis hin zu den kulturellen Besonderheiten, die den Arbeitsalltag im Unternehmen auszeichnen. Sie besteht aus

Definition Employer Branding

- dem definierten Markenkern, der die Besonderheit, das Einzigartige des Arbeitgebers bündelt, der sog. Employer Value Proposition (EVP)[5],
- dem aus dem Markenkern abgeleiteten und zielgruppengerecht formulierten Markennutzen, der entscheidend für die Legitimität der Marke ist,
- der fixierten Markenpersönlichkeit, die die Tonalität beschreibt, mit der die Marke transportiert werden muss.

Als Ziele des Employer Branding werden in der Regel formuliert:
- Erhöhung der Attraktivität als Arbeitgeber bei potenziellen Mitarbeitern,
- Verbesserung der Rekrutierungsqualität,
- Steigerung der Motivation und Leistungsbereitschaft bei vorhandenen Mitarbeitern,
- Erhöhung der Bindung von Mitarbeitern an das Unternehmen.

Mit der Employer Brand wird deutlich, was den Arbeitgeber von anderen konkurrierenden Arbeitgebern unterscheidet. Die systematische und kontinuierliche Weiterentwicklung der Arbeitgebermarke in Auseinandersetzung mit den internen und externen Rahmenbedingungen kennzeichnet das Employer Branding.

4 Vgl. http://www.queb.org/definition (Stand: 13.11.2011).
5 EVP entspricht weitestgehend dem Begriff des USP im klassischen Marketing, übertragen auf die Attraktivitätsmerkmale eines Arbeitgebers.

Personalmarketing ist am Beschaffungsmarkt ausgerichtet

Das Personalmarketing ist selbst bei der weiten Auffassung immer noch sehr nah am relevanten Beschaffungsmarkt ausgerichtet und dadurch stark auf den Aspekt der Rekrutierung konzentriert. Ein ausgeprägt zyklisches Marktverhalten von Arbeitgebern im „War for Talent" ist eine häufig beobachtbare Folge dieses Ansatzes, in dessen Mittelpunkt die zu besetzende Stelle steht. Eine weitere Konsequenz dieses Ansatzes ist, dass Personalmarketing fast ausschließlich eine Aufgabe des Personalmanagements ist, was im Hinblick auf die Realisierung der Innen- und Motivationsziele zumindest nicht förderlich ist. Der Erfolg wird dabei üblicherweise an Rekrutierungs- und gelegentlich auch an Commitmentgrößen gemessen.

Employer Branding als interdisziplinäre Aufgabe

Beim Employer Branding hingegen handelt es sich um einen markenstrategischen Ansatz, der die Arbeitgebermarke nach klassischem Markenverständnis als ein unverwechselbares Vorstellungsbild über die Eigenschaften und Leistungen des Unternehmens als Arbeitgeber in der Psyche der relevanten Zielgruppen verankert. Es geht dabei um eine größtmögliche Übereinstimmung zwischen der Wahrnehmung der Arbeitgeberattraktivität (Image) und dem auf dem Markenkern basierenden und kommunizierten Nutzenversprechen (Identität). Ein hoher und glaubwürdiger Nutzen, der sowohl rational als auch emotional ist, stellt einen Wert dar, der deutlich über den Rekrutierungs- bzw. Bindungsbedarf hinausgeht. Dies liegt allein schon daran, dass das Employer Branding nahezu alle Stakeholder eines Unternehmens im Blick haben muss und damit eine vielfältigere Zielgruppe besitzt. Allein dieser Umstand erfordert es, dass Employer Branding keine isolierte Aufgabe des Personalmanagements sein darf, sondern eine integrale Aufgabe von Personalmanagement, Kommunikation und Marketing sein muss.

Das kann zu einem Missverhältnis zwischen Anspruch und Wirklichkeit in der Ausgestaltung des Employer Branding führen: Häufig soll zwar ein umfangreiches Employer Branding betrieben werden, das die Unternehmenskommunikation und das Produktmarketing miteinbezieht. Dieser Gestaltungsanspruch wird jedoch oft begrenzt durch die Gestaltungsmöglichkeiten, die mit der organisatorischen Anbindung im Personalmanagement gegeben sind.

Fazit: Insgesamt ist das Employer Branding der strategisch umfassendere, breiter angelegte und nachhaltigere Ansatz, der Ziele und Inhalte des Personalmarketings integriert.

Fazit

Darum wird das Employer Branding als Gliederungsrahmen des Praxisansatzes in diesem Buch zugrunde gelegt.

1.2 Strategisches und operatives Employer Branding – das Konzept *(Alfred Lukasczyk)*

Im vorhergehenden Kapitel 1.1 wurde Employer Branding als die zielgerichtete Planung, Steuerung, Koordination und Kontrolle der Employer Brand dargestellt.

Dahinter verbirgt sich letztlich eine strategische Markenführung, die somit auch als strategisches Employer Branding verstanden werden kann. Der Strategieprozess besteht dabei aus den klassischen Phasen:[6]

Strategisches Employer Branding

- Analyse der Stärken und Schwächen des Unternehmens als Arbeitgeber,
- Analyse der Bedürfnisse und Erwartungen der relevanten Zielgruppen auf dem Arbeitsmarkt,
- Auseinandersetzung mit den Stärken und Schwächen der jeweiligen Wettbewerber,
- Festlegung einer Employer Value Proposition (EVP),
- Entwicklung adäquater Positionierungsstrategien,
- Implementierung der Arbeitgebermarkenstrategie,
- Etablierung eines funktionierenden Controllings.

In der Analysephase findet eine Auseinandersetzung mit dem eigenen Unternehmen, der relevanten Umwelt und den Wettbewerbern statt. Bei der Betrachtung des eigenen Unternehmens geht es im Wesentlichen um die Identifikation des Markenkerns des Unternehmens und der daraus resultierenden Nutzenversprechen sowie der intensiven Betrachtung der Stärken und Schwächen des eigenen Unternehmens als Arbeitgeber. In der Umweltanalyse werden klassi-

---

6 Vgl. Kapitel 3.

sche Instrumente des strategischen Managements wie beispielsweise PEST oder Stakeholderanalyse angewendet. Vorrangig geht es dabei um frühzeitiges Erkennen von Bedürfnissen und Erwartungen der relevanten Zielgruppen (Näheres hierzu s. Kapitel 2.1). Der abschließende Teil der Analyse bezieht sich auf die Untersuchung der Wettbewerber, speziell deren Nutzenversprechen.

Eine systematische Verdichtung der Teilanalysen mündet in der EVP, also dem Alleinstellungsmerkmal des Unternehmens als Arbeitgeber.

Die Entwicklung adäquater Strategien ist der nächste Prozessschritt. Klassische Wettbewerbsstrategien lassen sich dabei in analoger Weise anwenden, wobei es im Zusammenhang mit Employer Branding überwiegend auf eine Differenzierungsstrategie hinauslaufen wird.

Die Implementierung des Employer Branding ist die Kernaufgabe des operativen Employer Branding, das nachfolgend ausführlich dargestellt wird.

Der letzte Schritt des immer wiederkehrenden Prozesses ist das Controlling. Hier geht es zunächst um die Auswahl wirksamer und zielgerichteter Steuergrößen, die schnell und einfach zu erheben sind. Ziel ist es dabei, permanent die Wirksamkeit der Employer-Branding-Strategie und der daraus resultierenden Instrumente zu überprüfen. Ebenfalls soll ein funktionierendes Controlling Impulse liefern, um flexibel auf sich ändernde Rahmenbedingungen zu reagieren.

Am Beispiel der Lufthansa AG wird in Kapitel 2.4 ausführlich dargestellt, wie die Entwicklung eines strategischen Employer Branding in der Praxis funktioniert. Ebenfalls wird darin geschildert, vor welchem Hintergrund strategisches Employer Branding stattfindet.

Operatives Employer Branding

Die Umsetzung der strategischen Maßnahmen erfolgt mittels des operativen Employer Branding, das insbesondere zum Ziel hat, die Nutzenversprechen der Arbeitgebermarke den relevanten Zielgruppen glaubwürdig zu vermitteln.

Eine erste Aufgabe des operativen Employer Branding ist es, daran zu arbeiten, dass die Wahrnehmung des Unternehmens und vor allem Produkte des Personalmanagements der Employer Brand entsprechen. Alle Produkte des Personalmanagements wirken sich auf die Arbeitgebermarke aus – ihren Wert mindernd oder ihren Wert steigernd. Um als Arbeitgeber authentisch zu sein, ist es darum zwingend notwendig, die Arbeitgebermarke und deren Eigenschaften bei der Gestaltung aller Produkte des Personalmanagements zu berücksichtigen. Unter „Produkten" des Personalmanagements werden hier alle Leistungen der Personalbereiche (z. B. Auswahlverfahren und Traineeprogramme) für ihre internen Kunden (Unternehmensleitung, Führungskräfte, Mitarbeiter, Betriebsrat) und ihre externen Kunden (Gremien, Behörden, Bewerber, sonstige Stakeholder) verstanden. Der Anspruch ist, dass die Leistungen und die Leistungserbringung im Personalmanagement konform zur Employer Brand geschieht.

Eine zweite Aufgabe des operativen Employer Branding besteht in der Erarbeitung von Maßnahmen der Personalkommunikation, die der Employer Brand entsprechen. Da das Bild des Arbeitgebers sowohl intern als auch extern durch die Inhalte und die Art der Personalkommunikation beeinflusst wird, muss das Employer Branding darauf bedacht sein, dass sowohl die Botschaften als auch die Kommunikationswege der Arbeitgebermarke entsprechen. Die Aufgabe lautet hier: planvoll an der markenkonformen, kommunikativen Gestaltung des Bildes vom Arbeitgeber bei den relevanten Zielgruppen mitzuwirken.[7]

Die dritte und wichtigste Aufgabe des operativen Employer Branding ist es, den vorgegebenen kurz-, mittel- und langfristigen qualitativen und quantitativen Personalbedarf in konkrete, zielgruppenspezifische Aktivitäten auf dem internen und dem externen Arbeitsmarkt zu übersetzen. Das heißt: Das operative Employer Branding muss bei der Distribution des Produkts Arbeitsplatz im jeweiligen Unternehmen dafür sorgen, dass die richtigen Zielgruppen mit den richtigen Botschaften und den richtigen Kommunikationsmitteln angesprochen werden. Hier verbinden sich Arbeitgebermarke, Produkte des Personalmanagements und Kommunikationsmittel mit dem Personalbedarf und den Zielgruppenspezifika zu konkreten

---

7   Vgl. Kapitel 4.2.

Maßnahmen in den Prozessschritten Attraction, Recruiting und Retention.

Abbildung 1

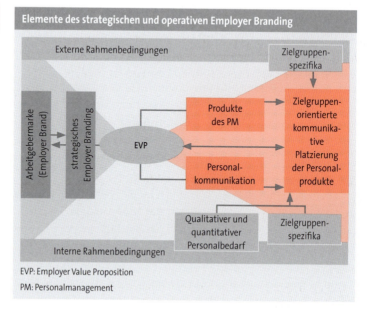

Elemente des strategischen und operativen Employer Branding

EVP: Employer Value Proposition
PM: Personalmanagement

Diese Elemente eines ganzheitlichen Employer Branding werden in den folgenden Kapiteln genauer betrachtet.

2 Strategisches Employer Branding

Unternehmensinterne und -externe Rahmenbedingungen sowie der Personalbedarf beeinflussen das Employer Branding: Sie setzen Orientierungspunkte für die Planung und für die Durchführung der Aktivitäten. Es ist wichtig, diese Orientierungspunkte zu identifizieren, zu analysieren und daraus Schlüsse für die Gestaltung und Umsetzung der Arbeitgebermarke zu ziehen.

2.1 Einflussfaktoren des Employer Branding analysieren
(Anja Seng, Sascha Armutat)

2.1.1 Unternehmensexterne Einflussfaktoren identifizieren

Gerade weil das Employer Branding die Schnittstelle zwischen dem Unternehmen, den Mitarbeitern, potenziellen Bewerbern sowie weiteren Zielgruppen wie Kunden, Shareholdern etc. gestaltet, müssen unternehmensexterne Einflussfaktoren im Planungsprozess beachtet werden.

Employer Branding – Schnittstelle zwischen dem Unternehmen und seinem Umfeld

Dazu gehören die nachfolgenden Gruppen von Einflussfaktoren (siehe auch Abbildung 2 auf Seite 21).

Gesellschaft

1. Relevant sind gesellschaftliche Einflussfaktoren wie[8]
   - die demografische Entwicklung, das heißt Veränderungen in der Altersstruktur der Bevölkerung mit Konsequenzen für die Altersstruktur der Belegschaft,
   - Veränderungen der allgemeinen Wertevorstellungen, insbesondere im Hinblick auf Eigenschaften wie Loyalität und Disziplin, sowie die Verschiebung der Aufmerksamkeit von der Arbeits- in die Privatsphäre,
   - Veränderungen im Informationsverhalten – welche Medien werden genutzt, wie werden Informationen verarbeitet etc.

---

8 Vgl. Buck, Schletz 2001; DGFP 2006.

Politik 2. Bedeutung für das Employer Branding haben ebenfalls politische Einflüsse in zentralen Politikfeldern, wie[9]
- Änderungen in der Bildungspolitik, beispielsweise Maßnahmen im Schul- und Hochschulsystem mit Konsequenzen für das Bildungsniveau von Schul- und Hochschulabsolventen,
- Veränderungen in der Beschäftigungspolitik, wie zum Beispiel die Einführung eines Mindestlohns oder die Veränderung der tariflichen Situation von Leiharbeitnehmern,
- Einführung einer Quotenregelung zur Förderung des Anteils von Frauen in Führungspositionen oder ähnliche Maßnahmen zur Verhinderung von Diskriminierung und Förderung von Vielfalt.

Recht 3. Auch rechtliche Einflussfaktoren wirken auf das Employer Branding ein, wie beispielsweise Änderungen im Arbeits- und Sozialrecht. Jedes neu bearbeitete Politikfeld führt letztlich zu veränderten oder neuen Gesetzen. Beispiele mit Relevanz für das Employer Branding sind:
- das Allgemeine Gleichbehandlungsgesetz (AGG),
- das Gesetz zur Angemessenheit der Vorstandsvergütung (VorstAG)
- oder auch die Regelungen zum verschärften Datenschutz.

Wirtschaft 4. Zudem wirken sich Einflüsse aus dem wirtschaftlichen Umfeld auf das Employer Branding aus, allen voran[10]
- die Entwicklung des Arbeitsmarktes, insbesondere im Hinblick auf das Fachkräfteangebot,
- die nationale und internationale (volks-)wirtschaftliche Situation, vor allem die der Absatz- und Beschaffungsmärkte,
- die Veränderung der Wettbewerbssituation, das heißt der Wandel der Konkurrenzverhältnisse im internationalen Kontext,
- die Spezifika der Branche, vor allem bezogen auf Attraktivität und Image in der öffentlichen Diskussion.

---

9 Vgl. Buck, Schletz 2001; DGFP 2006.
10 Vgl. Bertelsmann Stiftung et al. 2001.

5. Technische Innovationen sind ein weiterer unternehmensexterner Einflussfaktor. Dazu zählen:[11]   *Technik*
   - neue Produktionsverfahren, die massive Änderungen im Leistungserstellungsprozess mit sich bringen, und
   - neue Kommunikationsmittel, die sich auf die Formen der Kooperation und den Einsatz des Personals auswirken.

6. Die kommunale Situation ist ein weiterer Einflussfaktor. Sie umfasst: *Standort*
   - die Standortsituation des Unternehmens, die durch die Entfernung zu den Metropolen, durch die Einwohnerzahl und die regionale Infrastruktur bestimmt wird, und
   - kommunalpolitische Rahmenbedingungen.

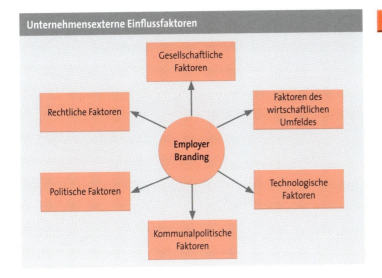

Abbildung 2

Informationen zur Entwicklung der externen Einflussfaktoren lassen sich zum einen aus gängigen Tagesmedien gewinnen. Zum anderen ist es sinnvoll, Trendstudien zu nutzen, um Entwicklungsprognosen berücksichtigen zu können.[12] Drittens kann es für ein Unternehmen   *Systematische Informationserhebung*

---

11   Vgl. Wagner 1991.
12   Vgl. z. B. Drumm 2001.

auch sinnvoll sein, ein eigenes Trend-Szenario zu erstellen.[13] Auf diese Weise lassen sich die für das Unternehmen zentralen Faktoren genauer untersuchen. Auch hierzu bietet sich eine checklistenartige Dokumentation der Rahmenfaktoren an, die anhand des Fragebogens in Abbildung 3 erstellt werden kann.

Abbildung 3

Fragebogen zur Auswertung der externen Informationen	
Einflussfaktor	**Kernfragen**
Gesellschaftliche Faktoren	▪ Wie entwickelt sich die Altersstruktur der Bevölkerung? ▪ Wie verändert sich das Werteverständnis zukünftiger Belegschaften? ▪ In welche Richtung tendiert das Bildungssystem?
Politische Faktoren	▪ Welche Politikfelder werden in den nächsten Jahren besonders bearbeitet? ▪ Welche gängigen Meinungen gibt es in den meinungsbildenden Parteien und Verbänden?
Faktoren aus dem wirtschaftlichen Umfeld	▪ Welche Trends herrschen auf dem Arbeitsmarkt vor? ▪ Wie entwickelt sich die nationale und wie die internationale wirtschaftliche Situation? ▪ Wie verändert sich der Wettbewerb in der Branche? ▪ Wohin tendiert die Branche?
Rechtliche Faktoren	▪ Welche Änderungen im Arbeits- und Sozialrecht können eintreten? ▪ Welche sonstigen Rechtsänderungen mit Konsequenzen für das Employer Branding lassen sich prognostizieren?
Technologische Faktoren	▪ Wie verändern sich die Produktionsverfahren? ▪ Welche Entwicklungen sind in der Kommunikationstechnologie zu erwarten?
Kommunale Faktoren	▪ Wie ist die Standortsituation heute und zukünftig zu bewerten? ▪ Welche kommunalpolitischen Rahmenbedingungen spielen eine Rolle?

2.1.2 Unternehmensinterne Einflussfaktoren identifizieren

Maßnahmen des operativen Employer Branding können nur dann erfolgversprechend umgesetzt werden, wenn die Strategie an der aktuellen Unternehmenssituation ansetzt. Das macht die Kenntnis der wichtigsten unternehmensinternen Einflussfaktoren erforderlich. Dazu zählen zum Ersten Spezifika des Unternehmens wie:

---

13 Vgl. DGFP 2005.

- die Unternehmensvision, das heißt die langfristige Vorstellung von der Unternehmensentwicklung, die eng mit dem übergeordneten Unternehmenszweck verbunden ist: Versteht sich das Unternehmen als dynamischer Global Player, der den Wandel begrüßt, oder als ein auf Kontinuität und Bodenständigkeit hin ausgerichtetes Unternehmen? *Unternehmensvision*
- die Unternehmensstrategie, das heißt die mittelfristigen Ziele, die das Unternehmen anstrebt und die mit entsprechenden Überlegungen zu seinen Ressourcen verbunden sind: Sind Reorganisationen oder Auslagerungen geplant? Will sich das Unternehmen stärker international aufstellen? Gibt es Veränderungen im Produktportfolio? *Unternehmensstrategie*
- die Marke des Unternehmens und die Marken seiner Produkte. Besitzt das Unternehmen eine starke Corporate Brand, die es in der breiten Öffentlichkeit bekannt macht, oder dominieren starke Produktmarken, die man auf den ersten Blick nicht mit dem Unternehmen assoziieren würde? *Marken*
- die Leistung des Unternehmens und die Anforderungen, welche die dafür notwendigen Leistungserstellungsprozesse stellen: Sind die Produkte des Unternehmens hoch innovativ und einer schnellen Veralterung unterworfen oder besitzen sie eine geringe Innovationsrate? Sind die Produkte in der Öffentlichkeit bekannt oder nur einigen wenigen Experten? Sind die Leistungserstellungsprozesse komplex und machen eine spezifische Expertise erforderlich, oder sind sie einfach und schnell zu erlernen? *Leistungen und Produkte*
- die Unternehmensorganisation, das heißt alle Strukturen, die die Erledigung der Leistungserstellung im Unternehmen unterstützen (Ablaufregelungen, Verteilung der Verantwortlichkeiten, aufbauorganisatorische Regelungen): Welche Merkmale unterscheiden das eigene Unternehmen von Wettbewerbern? *Organisationsstrukturen*
- die Unternehmenskultur und die im Unternehmen gelebten Werte: Steht das Unternehmen für besondere Werte wie Innovation oder Beständigkeit? Gibt es ein besonderes Zusammengehörigkeitsgefühl der Unternehmensmitglieder, einen Korpsgeist, der aus den Besonderheiten des Unternehmens resultiert? *Unternehmenskultur*

Topmanagement	■ das Topmanagement des Unternehmens: Sind die handelnden Personen in der Branche oder sogar branchenübergreifend bekannt? Wie wird ihre Kompetenz, wie wird ihr Ruf als Führungskraft eingeschätzt?
Grundsätze und Leitlinien	■ allgemeine Grundsätze der Geschäftspolitik, die im Sinne von Leitlinien das Handeln der Unternehmensangehörigen prägen. Dazu zählen zum Beispiel Grundsätze des Miteinanders, des Controllings, der Gesundheitsvorsorge, der Corporate Social Responsibility, des ethischen Verhaltens des Managements. Gibt es solche Leitlinien? Wenn ja, welche? Werden sie im Alltag gelebt?
Unternehmenssituation	■ die Unternehmenssituation, die alle aktuellen Informationen von A wie Anzahl der im Unternehmen arbeitenden Mitarbeiter über F wie Fluktuation und W wie wirtschaftlicher Erfolg bis zu Z wie Zufriedenheit der Mitarbeiter umfasst. In diesem Zusammenhang spielt auch die Geschichte des Unternehmens eine Rolle: Ein Familienunternehmen stellt beispielsweise andere Anforderungen an das Employer Branding als ein Großkonzern: Wie steht das Unternehmen hinsichtlich dieser Situationsvariablen aktuell da?

Spezifische Einflüsse durch das Personalmanagement

Zum Zweiten hat das Employer Branding Rahmenbedingungen zu beachten, die durch das Personalmanagement im Unternehmen gesetzt sind und aus denen ebenfalls wichtige Fragen für die Konzeption des Employer Branding folgen. Dazu gehören:

■ die Personalmanagementstrategie, welche die Aktivitäten des Personalmanagements an die Unternehmensentwicklung koppelt und Vorgaben für die Ziele und die Ressourcenausstattung im Personalmanagement macht: Gibt es eine derartige Strategie? Wenn ja, ist sie konkret definiert? Ist sie mit der Unternehmensstrategie eng verbunden? Wie sieht die Ressourcenausstattung des Personalmanagements personell und finanziell im Vergleich zu handelsüblichen Benchmarking-Zahlen aus?

■ die Personalmanagementorganisation, die regelt, wer mit welchen Verantwortungen welche Personalaufgaben wahrnimmt. Hier spielen Fragen der Zentralität und Dezentralität der Aufgabenerfüllung eine Rolle. Wie lässt sich die Personalmanagementorganisation davon ausgehend beschreiben?

- die bestehenden Personalmanagementprozesse, das heißt die definierten Folgen von Personalmanagementaufgaben und -teilaufgaben. Welche Prozesse sind definiert und wie?
- die Funktionsträger des Personalmanagements, die mit verteilten Rollen die Personalfunktion des Unternehmens gestalten, unter anderem die Unternehmensleitung, die Führungskräfte und die hauptamtlichen, institutionellen Personalmanager. Welche Aufgaben übernehmen die einzelnen Funktionsträger?
- die bestehende Instrumentenlandschaft, mit denen die Personalaufgaben bearbeitet werden; dazu zählen beispielsweise angewendete Instrumente der Personalauswahl oder auch die EDV-technischen Grundlagen der Personalarbeit (zum Beispiel Employee-Self-Service-Systeme, Personalabrechnungsprogramme): Welche Instrumente gibt es? Wie sind die Instrumente hinsichtlich ihrer Aktualität und Akzeptanz zu beurteilen?
- das Selbstverständnis und die Akzeptanz des Personalmanagements, die zeigen, welchen Stellenwert das Personalmanagement tatsächlich besitzt. Ist das Personalmanagement akzeptierter Business Partner oder vor allem ein administrativer Vollstrecker von Entscheidungen der Unternehmensleitung?
- die Charakteristika der Arbeitsverhältnisse, insbesondere im Hinblick auf Arbeitszeit, Entlohnung, Gestaltungsspielraum.

Diese unternehmensinternen Einflussfaktoren (siehe hierzu auch Abbildung 4) sind nicht unabhängig voneinander, sondern beeinflussen sich gegenseitig. Dennoch ist es wichtig für den Überblick, sie getrennt voneinander zu identifizieren und unternehmensspezifisch zu analysieren.

Abbildung 4 — Unternehmensinterne Einflussfaktoren

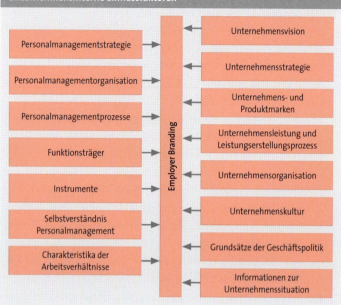

Quellen für die Erhebung

Einige wenige Quellen müssen zurate gezogen werden, um einen Überblick über die Ausprägung dieser Einflussfaktoren zu erhalten: Öffentlich zugängliche Dokumente wie die Geschäftsberichte, Personalberichte, Sozialberichte oder Nachhaltigkeitsberichte enthalten viele Informationen, mit denen ein guter erster Überblick über die Ausprägung der Einflussfaktoren erarbeitet werden kann. Eine Hilfestellung dafür bietet die Checkliste in Abbildung 5. Sie erleichtert das Auswerten der Informationsvielfalt durch Fokussierung auf die wesentlichen Fragen.

Fragebogen zur Auswertung der Unternehmensdokumente

  Abbildung 5

Einflussfaktor	Kernfragen
Unternehmensvision	▪ Was ist der Unternehmenszweck? ▪ Welche langfristigen Unternehmensziele gibt es? ▪ Welche Entwicklungsperspektiven existieren?
Unternehmensstrategie	▪ Welche mittelfristigen Produkt-/Marktziele verfolgt das Unternehmen? ▪ Welche Prämissen liegen diesen Zielen zugrunde?
Marken	▪ Wie bekannt ist die Marke des Unternehmens? ▪ Wie bekannt sind die Produktmarken?
Leistung und Leistungserstellungsprozesse	▪ Wie bekannt sind die Leistungen in der Öffentlichkeit? ▪ Wie hoch ist der notwendige Innovationsgrad bei den Leistungen? ▪ Welche Anforderungen werden an die Handelnden gestellt?
Unternehmensorganisation	▪ Welche Merkmale unterscheidet die Unternehmensorganisation von den Wettbewerbern?
Unternehmens- und Führungskultur und gelebte Werte	▪ Was unterscheidet das Unternehmen von Konkurrenten? ▪ Welche Werte kennzeichnen das Unternehmen? ▪ Gibt es ein spezifisches Zusammengehörigkeitsgefühl in der Belegschaft, das auf einem verbindlichen Wertekanon beruht?
Allgemeine Grundsätze der Geschäftspolitik	▪ Gibt es solche Leitlinien? ▪ Welche sind dies? ▪ Werden sie im Alltag gelebt?
Unternehmenssituation	▪ Wie viele Mitarbeiter arbeiten im Unternehmen? ▪ Wie hoch ist die durchschnittliche Fluktuationsrate? ▪ Wie ist der wirtschaftliche Erfolg im Verlauf der letzten Jahre zu beurteilen? ▪ Wie zufrieden sind die Mitarbeiter? ▪ Welche prägenden Momente hat die Unternehmensgeschichte?
Personalmanagementstrategie	▪ Gibt es eine derartige Strategie, ist sie konkret definiert? ▪ Ist sie an die Unternehmensstrategie gekoppelt? ▪ Wie sieht die Ressourcenausstattung des Personalmanagements personell und finanziell im Vergleich zu handelsüblichen Benchmarking-Zahlen aus?
Personalmanagementorganisation	▪ Wer nimmt mit welcher Verantwortung welche Personalaufgaben wahr? ▪ Wie zentral ist die Aufgabenerfüllung geregelt?
Personalmanagementprozesse	▪ Welche Prozesse sind definiert? ▪ Wie sind sie definiert?
Funktionsträger des Personalmanagements	▪ Welche Funktionsträger gibt es? ▪ Welche Aufgaben übernehmen die einzelnen Funktionsträger?
Instrumentenlandschaft	▪ Welche Instrumente gibt es? ▪ Wie sind die Instrumente hinsichtlich ihrer Aktualität und Akzeptanz zu beurteilen?
Selbstverständnis und Akzeptanz des Personalmanagements im Unternehmen	▪ Wie sieht das Selbstbild des Personalmanagements aus? ▪ Wie ist das Bild des Personalmanagements bei den Führungskräften und der Unternehmensleitung?
Charakteristika der Arbeitsverhältnisse	▪ Wie sind die Arbeitsverhältnisse zu bewerten hinsichtlich Arbeitszeit, Entlohnung, Gestaltungsspielraum ...?

Dieser Überblick ist gegebenenfalls zu vertiefen, indem einerseits unternehmensinterne Dokumente zurate gezogen werden, zum Beispiel Strategiepapiere, Organisationscharts oder Darstellungen im Intranet. Andererseits ist es hilfreich, sich durch Interviews mit Führungskräften und Mitarbeitern einen Eindruck von der gelebten Praxis zu verschaffen, der eine Analyse der unternehmensinternen Einflussfaktoren abrundet. Diese systematische Analyse interner Einflussfaktoren wird in den Unternehmen oft vernachlässigt.[14]

2.1.3 Informationsverarbeitung: Portfolio-Analyse

Informationsvielfalt reduzieren und Prioritäten bilden

Damit sinnvolle Schlussfolgerungen für das unternehmensspezifische Employer Branding gezogen werden können, muss die Vielfalt der Informationen über die externen und internen Einflussfaktoren reduziert werden. Danach müssen Prioritäten gebildet werden. Eine Möglichkeit zur Prioritätenbildung ist eine einfache Wirkungsanalyse, die mit einem Portfolio ausgewertet werden kann.[15]

Definition der Bewertungsdimensionen

Welche Bewertungsdimensionen sind wichtig, um die Relevanz der Einflussfaktoren für das Employer Branding einzuschätzen?

- Da es um die Erfolgsorientierung des Employer Branding geht, ist es sinnvoll, den Einfluss auf den mittel- bis langfristigen Unternehmenserfolg als erste Dimension bei jedem Einflussfaktor zu bewerten. Hier geht es um die Frage, ob ein Einflussfaktor und dessen Entwicklungstendenz mittel- bis langfristig zu einem Risiko für die geplante Unternehmensentwicklung werden können.

- Da das Employer Branding im Wesentlichen von der Gestaltung und der Kommunikation der Arbeitgeberattraktivität abhängt, ist der Einfluss auf die Attraktivität als Arbeitgeber die zweite Bewertungsdimension. Die zugrunde liegende Frage ist, ob der Einflussfaktor und dessen Entwicklungstendenz das bestehende Attraktivitätsgefüge des Arbeitgebers infrage stellen und sich Notwendigkeiten zur Veränderung für das Employer Branding ergeben.

---

14 Vgl. DGFP 2006.
15 Diese Portfolioanalyse ist ein Instrument des strategischen Personalcontrollings. Vgl. DGFP 2009.

Danach werden beide Fragen für jeden Einflussfaktor beantwortet, und der Einfluss wird mithilfe der vierstufigen Skala sehr niedrig (1), eher niedrig (2), eher groß (3), sehr groß (4) bewertet. Es bietet sich an, diese Bewertung von Personalexperten des Unternehmens, die mit den Unternehmensspezifika vertraut sind, vornehmen zu lassen.

Bewertung der Einflussfaktoren

> **Tipp**
>
> Bei der Bewertung der Einflussfaktoren zahlt sich das Mehraugenprinzip aus: Die Bewertungsergebnisse werden durch die Perspektivenvielfalt belastbarer und bekommen eine breitere Akzeptanz.

Dem Ganzen lässt sich ein Fragebogen zugrunde legen, der aufgebaut sein kann wie in Abbildung 6 dargestellt.

Beispiel für einen Fragebogen zur Wirkungsanalyse

Abbildung 6

Wirkungsanalyse Einflussfaktoren auf das Employer Branding

Bitte bewerten Sie auf einer Skala von **1** bis **4** den Einfluss, den die nachfolgend aufgeführten Themen auf die Unternehmensentwicklung und auf die Arbeitgeberattraktivität des Unternehmens haben. Bitte tragen Sie Ihr Ergebnis direkt in das Kästchen ein – **1** steht für sehr geringen Einfluss, **4** für sehr großen Einfluss.

Themen		Einfluss auf die Unternehmensentwicklung	Einfluss auf die Arbeitgeberattraktivität
Extern			
Gesellschaftliche Entwicklung	Alternde Bevölkerung		
	Fachkräftemangel		
	Materielle Einstellung		
	Umweltbewusstsein		
Politische/ rechtliche Entwicklung	Antidiskriminierungsrichtlinien		
	Zentrales Abitur		
	Bachelor-/Master-Umstellung		
⋮	…	…	…
Intern			
Unternehmenswerte und -kultur	Unternehmenswerte: Loyalität, Tradition		
	…		
⋮	…	…	…

Mithilfe der Durchschnittswerte aus den Fragebögen lassen sich die einzelnen Einflussfaktoren in einem Portfolio (siehe Abbildung 7) visualisieren, das deutlich macht, wo Prioritäten für die Aktivitäten des Personalmarketings bestehen.

Abbildung 7

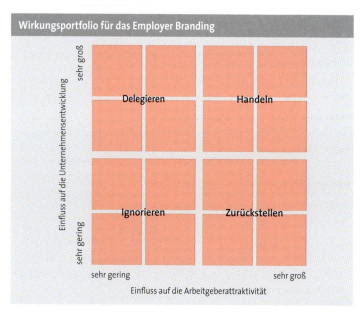

Portfolioanalyse und Schlussfolgerungen

Stellt man bei einer Portfolioanalyse fest, dass ein Ereignis großen Einfluss auf die Unternehmensentwicklung hat, dann kann sich daraus ein hoher Handlungsbedarf ergeben. Beispielsweise könnte man aus der Portfolioanalyse ersehen, dass die Umstellung der universitären Studiengänge auf das angloamerikanische Bachelor-/Master-Modell sich stark auf die Unternehmensentwicklung auswirkt, weil das traditionelle Rekrutierungskonzept von Nachwuchsingenieuren durch Praktika dadurch infrage gestellt wird. Wenn zu erkennen ist, dass die bestehenden Trainee-Konzepte für die kürzer ausgebildeten Bachelor-Absolventen wenig attraktiv sind, dann muss schnell gehandelt werden.

Faktoren mit geringer Bedeutung für die Unternehmensentwicklung und mit hoher Relevanz für die Arbeitgeberattraktivität bekommen die Priorität B: Sie müssen baldmöglichst erledigt werden.

Wird deutlich, dass ein Ereignis großen Einfluss auf die Unternehmensentwicklung hat, aber nur eine geringe Bedeutung für die Attraktivität des Unternehmens als Arbeitgeber, dann ist es notwendig, die Beschäftigung damit an zuständige andere Personalfunktionen zu delegieren.

Faktoren, deren Einflüsse auf die Unternehmensentwicklung und auf die Arbeitgeberattraktivität kaum zu bemerken sind, können dagegen ignoriert werden.

Wenn die relevanten Orientierungspunkte für das Employer Branding identifiziert sind, stellen sich zwei Fragen: Soll die Entwicklung dieser Faktoren regelmäßig beobachtet werden? Wie sollen diese Faktoren in den weiteren konzeptionellen Schritten berücksichtigt werden?

2.1.4 Personalbedarf identifizieren

Besteht Klarheit über die Entwicklungen im relevanten Unternehmensumfeld, in den unternehmensinternen Strategiefeldern und insbesondere im Personalmanagement und im Personalbestand, lässt sich im nächsten Schritt der Personalbedarf genauer planen.

Gegenstand der Personalbedarfsplanung

Die Personalbedarfsplanung dient der „Bestimmung des qualitativen und quantitativen Bedarfs an Personal, das zur Verwirklichung gegenwärtiger und zukünftiger Leistungen des Unternehmens benötigt wird."[16] Mit anderen Worten: Der Personalbedarf prognostiziert, wie viele Mitarbeiter mit welchen Kompetenzen das Unternehmen kurz-, mittel- und langfristig benötigt. Das wirkt sich unmittelbar auf das Employer Branding aus: Der Personalbedarf zeigt auf, welche Zielgruppen im Fokus der Personalrekrutierung stehen und welcher Nettopersonalbedarf zu decken ist. Beide Dimensionen sind wichtige Bezugspunkte für das Employer Branding, die in Strategien und Maßnahmen übersetzt werden.

So bedeutend die Klärung des Personalbedarfs auch ist – viele Unternehmen tun sich schwer damit. Grund dafür ist häufig die fehlende Datenbasis. Der Bedarf lässt sich nur berechnen, wenn bekannt ist, welche Aktivitäten wie viele Kapazitäten benötigen, und

Datenbasis zum Personalbestand ist notwendige Voraussetzung

---

16 Drumm 2005, S. 239.

wenn klar ist, wie sich der Kapazitätsbestand in dem betrachteten Zeitraum entwickeln wird. Ein zweiter Grund, warum viele Unternehmen die Personalbedarfsbetrachtung nur unzureichend durchführen, ist der prognostische Grundzug, der mit dem Verfahren einhergeht.

Zukünftigen Personalbedarf abschätzen

Der zukünftige Bedarf muss sich an den Leistungserstellungsprozessen und dem Umfeld der Zukunft orientieren – das führt dazu, dass Bedarfsprognosen immer unter einem Interpretationsvorbehalt stehen. Dennoch ist es für ein Employer Branding zwingend erforderlich, den Personalbedarf vorherzusagen – aus qualitativen, aber auch aus quantitativen Gründen.

Wie lässt sich nun aus Employer-Branding-Gesichtspunkten der Personalbedarf bestimmen?

Methoden der Personalbedarfsabschätzung

Qualitativ dadurch, dass Kompetenzen und Anforderungskriterien abgeleitet werden, die sich aus der Unternehmensstrategie ergeben. Dieser Ableitungsprozess kann durch den Einsatz von Prognosemethoden unterstützt werden. Prognosemethoden sind zum Beispiel:[17]

- Szenario-Techniken
- Delphi-Studien
- Analogien
- Cross-Impact-Analysen
- Statistische Trendanalysen
- ...

Diese Methoden haben gemein, dass sie methodengeleitet, gegebenenfalls unter Einbeziehung von Experten, den Personalmanager bei der Vorhersage der zukünftigen Anforderungen an Mitarbeiter unterstützen.

Das Funktionieren derartiger Verfahren lässt sich am 4-Phasen-Ansatz von Schwartz[18] nachvollziehen: In der Vorbereitungsphase wird der Prognosebereich bestimmt und analysiert, welche zentralen Treiber diesen Prognosebereich bestimmen. Dann werden auf der

---

17   Siehe Kapitel 3.2.3.
18   Schwartz, zitiert nach DGFP 2005, S. 136 ff.

Basis von Recherchen und mithilfe personaler Expertise alternative Zustände der Treiber definiert. In der vierten Phase lassen sich nun die Treiberzustände zu Szenarien zusammenfassen, die sich dann in der vierten Phase strategisch weiterverarbeiten lassen.[19]

Mithilfe derartiger Verfahren lässt sich auch abschätzen, wie sich die Belegschaft quantitativ entwickeln wird.

2.2 Die Employer Brand strategisch ableiten und positionieren *(Max Lehmann)*

Das Gesamtkonzept „Employer Branding" lässt sich in drei Dimensionen unterteilen: Definition der Strategie, Übersetzen der Inhalte in eine Bildwelt und das Ableiten von passenden Aktivitäten.

Die drei Dimensionen bauen konzeptionell aufeinander auf. Bei der (Weiter-)Entwicklung einer Arbeitgebermarke sollte mit der Definition der Strategie begonnen werden. Im zweiten Schritt besteht die Aufgabe darin, die strategische Positionierung in eine Bildwelt zu übersetzen, bevor man den Maßnahmenmix aus der Strategie ableitet.

2.2.1 Erste Dimension: Definition der Employer Value Proposition als Kern der Employer-Branding-Strategie

Die Definition der Strategie ist der erste und entscheidende Schritt auf dem Weg zu einem ganzheitlichen und nachhaltigen Employer Branding.

Im Kern geht es um die Erarbeitung einer Arbeitgeberpositionierung, die mit einer ausführlichen Analysephase beginnen sollte. Dabei müssen Antworten auf folgende Fragen gefunden werden:

Leitfragen für die Arbeitgeberpositionierung

- Wie wird der Arbeitgeber aktuell am Arbeitsmarkt wahrgenommen?
- Warum arbeiten Menschen gerne bei diesem Unternehmen?
- Welche Arbeitgeber sind die Hauptwettbewerber im Kampf um die besten Talente?
- Wodurch kann und will sich der Arbeitgeber von der Konkurrenz in Zukunft differenzieren?

---

19   Vgl. DGFP 2005.

EVP – das ausformulierte Alleinstellungsmerkmal des Arbeitgebers

Die Beantwortung der Fragen dient als Stoffsammlung für die Ausarbeitung der Employer Value Proposition (EVP), dem Herzstück der Strategie. Unter EVP versteht man das ausformulierte Alleinstellungsmerkmal eines Arbeitgebers, auf dessen Basis die Arbeitgeberpositionierung aufgebaut wird. Man schüttet alle relevanten Informationen gedanklich in einen Trichter und verdichtet die Daten so lange, bis nur noch das Kondensat – die EVP – übrig bleibt:

Als EVP wird die Summe der Charaktereigenschaften bezeichnet, welche die Besonderheit eines Arbeitgebers auszeichnen und durch die er sich positiv von seinen Wettbewerbern abhebt. Die EVP sollte einzigartig, nicht leicht zu imitieren und aus Sicht der aktuellen und potentiellen Mitarbeiter wertvoll sein.[20]

EVP als Nadelöhr für die Maßnahmenplanung

Beim Ableiten der Marketingmaßnahmen aus der EVP sind der Phantasie kaum Grenzen gesetzt. Wichtig ist nur, dass die EVP inhaltlicher Ursprung aller Maßnahmen ist. Wenn dieser Prozess konsequent verfolgt wird, können Mitarbeiter und Bewerber die Employer-Branding-Strategie durch die Maßnahmen förmlich spüren. Die Strategie wird lebendig.

Wie wird der Arbeitgeber aktuell am Arbeitsmarkt wahrgenommen?

Aktuelles Arbeitgeberimage bei relevanten Zielgruppen erheben

Ausgangspunkt für die Definition einer Arbeitgeberpositionierung ist das aktuelle Image, also das Bild, das vom Arbeitgeber auf dem Arbeitsmarkt und in der Öffentlichkeit existiert. Egal, wie dieses Ist-Image von den Employer-Branding-Verantwortlichen bewertet wird – gut, schlecht, falsch, richtig ... –, es existiert, auch wenn es die tatsächliche Arbeitssituation im Unternehmen oder das angestrebte Soll-Image als Arbeitgeber nicht zwingend widerspiegelt. Beispielsweise können sich im Unternehmen entscheidende Dinge verändert haben, die der Bewerbermarkt noch nicht bemerkt hat. Eine Analyse des Status quo verdeutlicht die Größe der Lücke zwischen Ist- und Soll-Image.

---

20 Vgl. Minchington 2006.

> **Tipp**
>
> Um herauszufinden, wie es um das aktuelle Image bestellt ist, und noch viel wichtiger, mit welchen Attributen ein Arbeitgeber in Verbindung gebracht wird, sollte man verschiedene Quellen nutzen. Empfehlenswert ist es, einen Abgleich der externen und der internen Wahrnehmung vorzunehmen. Für die meisten externen Zielgruppen werden standardisierte Zielgruppenanalysen angeboten. Im Bereich der Studenten gibt es mit Universum und trendence beispielsweise zwei Anbieter, die jährlich eine groß angelegte Umfrage durchführen. Noch mehr Aufschluss geben freilich individuell angelegte Studien, die ausschließlich die eigene Zielgruppe befragen. Bei der internen Informationsbeschaffung sollte im Idealfall sowohl quantitativ als auch qualitativ befragt werden.

Warum arbeiten Menschen gerne bei uns?
Da seine Mitarbeiter der größte Multiplikator für einen Arbeitgeber sind, positiv wie negativ, ist es sehr wichtig herauszufinden, was die Mitarbeiter an ihrem Arbeitgeber schätzen. Die Handlungsfelder ergeben sich anschließend aus dem Unterschied zwischen Innen- und Außensicht.

Mitarbeiter sind Markenmultiplikatoren

Die Bewertung des Arbeitgebers durch die aktuellen Mitarbeiter spiegelt die Realität im Unternehmen wider, mit der neue Arbeitnehmer nach ihrem Eintritt konfrontiert werden. Wenn es gelingt, die differenzierenden, und hier vor allem die sich positiv abhebenden Merkmale so nach außen zu kommunizieren, dass sie für Bewerber zum Entscheidungskriterium werden, werden die neuen Mitarbeiter nach ihrem Eintritt das vorfinden, was sie erwartet haben. Wenn Employer Branding falsche Erwartungen schürt, folgt die Ernüchterung in der Regel unmittelbar nach dem Start beim neuen Arbeitgeber.

Jeder Mitarbeiter wird die Gründe, warum er gerne bei seinem Arbeitgeber arbeitet, anders benennen. Außerdem wird er sich schwertun, eine pointierte Formulierung dafür zu finden. Die Aufgabe besteht darin, die Gründe aller Mitarbeiter – bzw. einer Stichprobe – zu clustern und anschließend zu ein paar wenigen Argumenten, Kriterien oder Themen zu verdichten. Absolut entscheidend ist hier die Spezifizierung, Abgrenzung und Ausdifferenzierung der gefundenen Gründe. Die Angabe „ansprechende Unternehmenskultur" oder „sehr gute Entwicklungsmöglichkeiten" wäre in ihrer Formulierung eindeutig zu allgemein. Wenn die Mitarbeiter die Unternehmenskultur als Hauptgrund für ihre Loyalität bezeichnen, muss herausgefunden werden, welche Aspekte der Unternehmenskultur besonders wichtig für sie sind. Beispielsweise könnte es sein, dass die „Internationalität", „die Unterstützung bei der Vereinbarkeit von Familie und Beruf" und „die flache Hierarchie" gemeint sind, es aber gleichzeitig Aspekte wie „fehlende Transparenz bei Entwicklungsperspektiven" gibt, die eher kritisch gesehen werden.

Welche Arbeitgeber sind die Hauptwettbewerber im Kampf um die besten Talente?

Da die demografische Entwicklung den Kampf um die besten Talente in Zukunft weiter verschärfen wird – in einigen Branchen kann man bereits heute von einem Verdrängungswettbewerb sprechen –, sollte man seine Konkurrenten gut kennen.

Analyse der Mitbewerber auf dem Arbeitsmarkt

Es gilt herauszufinden, mit welchen Unternehmen man um Mitarbeiter konkurriert und wie diese Hauptwettbewerber, die in der Regel in derselben Region und/oder derselben Branche zu Hause sind, positioniert sind bzw. sich positionieren.

Studien haben gezeigt, dass Bewerber meist nicht mehr als eine Handvoll Arbeitgeber in ihrem „relevant set" haben. Die direkten Konkurrenten im Kampf um die Talente ergeben sich aus den Präferenzen der potenziellen Bewerber. Bei der Definition der Wettbewerberschaft im engeren Sinn sollte man sich auf vier bis sechs beschränken, auch wenn der erweiterte Kreis leicht aus 15 bis 20 Unternehmen bestehen kann.

Den Kreis der Hauptkonkurrenten muss man hinsichtlich ihrer jeweiligen Arbeitgeberpositionierung genau analysieren, um herauszufinden, ob die eigenen „Verkaufsargumente" zur Differenzierung vom Wettbewerb geeignet sind.

Wodurch kann sich der Arbeitgeber von der Konkurrenz in Zukunft differenzieren?

Kriterien für differenzierende Argumente

Die Voraussetzungen dafür, dass ein Argument geeignet ist, Differenzierung im Wettbewerb der Zukunft herzustellen, sind[21]:

---

21 Vgl. Barney 2007.

1. Das Argument ist ein Alleinstellungsmerkmal und schwer zu imitieren.
2. Das Argument stellt für aktuelle und potenzielle Mitarbeiter einen Wert dar.
3. Das Argument ist nachhaltig.

Nur Argumente, die alle drei Voraussetzungen erfüllen, sind dafür geeignet, in der EVP verankert zu werden.

> **Tipp**
> Im Idealfall besteht die EVP aus einem solchen Argument, das in wenigen Worten präzise ausformuliert ist. In der Praxis ist es oftmals nicht einfach, sich auf eines zu einigen, es sollten aber definitiv nicht mehr als drei sein. Die Gefahr, dass kein klares Bild am Arbeitsmarkt ankommt, ist zu groß.

2.2.2 Zweite Dimension: Übersetzen der Inhalte in eine Bildwelt

Im zweiten Schritt geht es darum, die Strategie und insbesondere die EVP in eine Bildwelt zu übersetzen.

Für den ersten Eindruck, den sich ein Bewerber von einem Arbeitgeber macht, spielen zum Beispiel Printanzeigen, Stellenanzeigen, der Messestand, Internetauftritt oder Giveaways eine Rolle. Gewollt oder nicht: All diese Dinge senden Signale aus. Um diese Signale bestmöglich für die eigenen Ziele zu nutzen, sollte man auf die Konsistenz der gesendeten Signale achten.

Konsistente Signale – auf allen Kanälen

Konsistenz meint nicht nur ein einheitliches Corporate Design, sondern vor allem, ob und inwiefern über alle Kanäle des Marketingmix dieselbe Grundbotschaft und dasselbe Gefühl vermittelt werden.

> **Tipp**
> Versetzen Sie sich in die Rolle der Bewerber und Mitarbeiter und fragen Sie sich, welche Botschaft bei Ihnen durch die genutzten Medien tatsächlich ankommt. Fragen Sie Praktikanten, Freunde und Bekannte, was eine Anzeige, ein Text etc. bei ihnen auslöst. So kommen Sie dem tatsächlich transportierten Image auf die Spur.

Die Wahl einer bestimmten Bildwelt gibt erste Auskunft darüber, ob es sich zum Beispiel um einen konservativen, kreativen oder Internationalität betonenden Arbeitgeber handelt. Ziel ist es, positive Assoziationen bei den Right Potentials hervorzurufen.

Die Bildwelt dient auch dazu, den Wiedererkennungswert zu erhöhen. Hilfreich kann hierfür ein sogenanntes „Keyvisual" sein.

Keyvisual sorgt für Wiedererkennung

Abbildung 8 **Beispiel der Continental AG: Über das Keyvisual „Silberpfeilchen"**

Keyvisual Silberpfeilchen bei Continental

Abbildung 9

Vom Drehschlüssel zum Schlüsselbild.
Erinnern Sie sich noch an die Fußball-WM in Deutschland? An das Sommermärchen? Genau, das war 2006. Wenn Sie jetzt noch ein Jahr zurückgehen, dann sind Sie im Geburtsjahr einer ziemlich erfolgreichen Personalkampagne. 2005 traten wir an mit einer neuen Personalsuch- und -imagekampagne.
In deren Mittelpunkt stand ein kleiner Silberpfeil mit Drehschlüssel, eigentlich ein Spielzeug aus einer noch viel länger zurückliegenden Epoche.

Mittlerweile hat sich in unserer Innen- und Außenwelt viel verändert. Aber der kleine Silberpfeil ist geblieben. Seit sechs Jahren ist er unser „Anchorman", das Keyvisual der Personalkommunikation. Zugegeben, es gab kleine Modifikationen, die Ansicht wurde geändert, der Bildwinkel, ein bisschen auch die Farbigkeit und das Layout – nichts Großes, nichts Grundlegendes.

Aber das ist ja auch der Sinn eines Keyvisuals: das zu bleiben, was es ist. Aber macht ein Keyvisual Sinn für uns und unsere Aufgaben?

Das Prinzip Effizienz.
Die Antwort liegt auf der Hand. Nur: warum ist das so? Ein Keyvisual sorgt für den „Die kenne ich doch"-Effekt. In der Personalkommunikation ist das ein noch größerer Vorteil als in der klassischen Produktwerbung. Generell haben wir es hier mit einem geringeren Werbedruck als dort zu tun. Wir sind weniger sichtbar. Schon deshalb, weil es weniger Anlässe gibt. Was dazu führt, dass wir aus „weniger" einfach „mehr" machen müssen. Es geht also nicht darum, ein Höchstmaß an unterhaltsamer Abwechslung zu erzeugen. Sondern ein Höchstmaß an Konsistenz und Wiedererkennbarkeit.

Dazu ist ein Keyvisual-Konzept sehr hilfreich. Es sichert die Unverwechselbarkeit des Auftritts und wird zu einer einprägsamen Erkennungsmelodie. In der Vertikalen lassen sich unterschiedliche Inhalte auf mehreren Ebenen anbinden: Suchanzeigen, Broschürentitel, Onlineformate.
Natürlich besteht mitunter die Gefahr, dass eine monothematische Bildwelt in der Wirkung, im „impact" nachlässt – hier gilt es, durch ein regelmäßiges Facelift dramaturgische Akzente zu setzen.

Wie alle oder anders.
Warum gerade dieses Keyvisual als Kühlerfigur? Wir haben uns sehr bewusst dafür entschieden.
Wenn man sich in der Welt der Personalkommunikation umschaut, hat man als Erstes den Eindruck, es gäbe tatsächlich nur EINE EINZIGE Bildwelt für alle Unternehmen: Menschen, teils jünger, teils älter, immer fröhlich, „shiny happy people". Das mag streckenweise seine Berechtigung haben – für uns war es der Grund, einen anderen Weg zu gehen. Erst anders sein heißt nämlich auffallen. Auffallen, bemerkt werden, ist der notwendige Schritt, um im Kopf der Zielgruppe(n) registriert und abgespeichert zu werden. In einem hart umkämpften Markt (Ingenieure!) geht es ganz sicher erst mal darum. Für uns, im Windschatten der großen Automobilunternehmen, ganz besonders.
Automobilindustrie – gutes Stichwort. Auch hier hat unser Keyvisual Signalwirkung. Es sagt unmissverständlich: Continental ist in allen Facetten in dieser Branche zu Hause. Und das gelingt auf unverkrampfte Art und Weise und trotzdem markenneutral.
Ein letzter Punkt, der vielleicht der wichtigste ist: Unser kleiner Silberpfeil macht nicht nur vieles richtig, er sammelt auch richtig Sympathiepunkte. Als klassisches Konzentrat von Sport, Spiel, Spannung – Karriere, was kannst du mehr sein?

2.2.3 Dritte Dimension: Ableiten von passenden Aktivitäten

EVP beeinflusst unter anderem auch den Auswahlprozess

Sympathie oder Antipathie zur Bildwelt spielt für Bewerber eine große Rolle, allerdings nur bis zum Zeitpunkt des persönlichen Kontaktes. Der persönliche Kontakt zu Mitarbeitern des potenziellen zukünftigen Arbeitgebers in der Kennenlern- und Auswahlphase spielt wahrscheinlich die größte Rolle für den Recruiting-Erfolg. Nicht nur bei Recruiting-Veranstaltungen, sondern insbesondere auch im Auswahlprozess sollte die Employer-Branding-Strategie über die Art der Ausgestaltung entscheiden.

Ein Beispiel: Sollte man „Internationalität" als Alleinstellungsmerkmal in der EVP verankert haben, so muss ein Bewerber die Internationalität in jeder Art von Kontakt zum Arbeitgeber spüren. Auf der Recruiting-Messe sollte ein internationales Team stehen, Jobs, die auf der Veranstaltung angeboten werden, sollten international sein, und auch an Auswahltagen oder bei Assessment-Centern muss der Kandidat zu jedem Zeitpunkt das Gefühl haben, in einem internationalen Unternehmen zu sein. Empfangspersonal, das kein Englisch spricht, ein Topmanagement, das ausschließlich regional besetzt ist und Mundart spricht, können Erkenntnisse sein, die zu enttäuschten Erwartungen bei Bewerbern führen können.

Ähnliches gilt für alle anderen Instrumente des Personalmanagements: Auch das Vergütungssystem, die Art und Weise der Personalbetreuung oder die Personalentwicklung müssen sich nach dem EVP ausrichten.

Beim Ableiten von passenden Aktivitäten muss man sich zu jedem Zeitpunkt fragen: Passt diese Maßnahme zur EVP?

2.3 Die Employer Brand führen *(Alfred Lukasczyk)*

Begreift man die Employer Brand, also die Arbeitgebermarke, als eine Marke im klassischen Sinne, so lässt sie sich in Analogie zu den marketingbasierten Markendefinitionen als ein in den Köpfen der potenziellen sowie der aktuellen Mitarbeiter verankertes Vorstellungsbild umschreiben, das das Leistungsversprechen als Arbeitgeber sowie eine Differenzierung zum Wettbewerb beinhaltet. Eine Marke erfolgreich zu führen bedeutet dann, ihre wesentlichen Funktionen zu erfüllen. In Bezug auf eine Arbeitgebermarke sind dies insbesondere

- aus der Arbeitgeberperspektive:
  - Differenzierung vom Wettbewerb über die EVP,
  - Präferenzbildung bei Bewerbern und Arbeitnehmern auf der Basis präziser Nutzenanalysen,
  - Schaffung von Eintrittsbarrieren für den Wettbewerb durch starke emotionale Verankerung,
  - Schaffung eines finanziellen Vorteils durch Gehaltseinsparungen oder motiviertes Arbeiten.
- aus der Arbeitnehmerperspektive:
  - Orientierungshilfe bei der Suche nach dem richtigen Arbeitgeber,
  - Reduktion der Informationskosten,
  - Risikominimierung durch Erhöhung des Vertrauens.[22]

Funktionen der Arbeitgebermarke

Die übergeordneten Ziele bei der Führung einer Arbeitgebermarke bestehen in der Entwicklung und Festigung von Präferenzen, die die Arbeitgeberwahl und insbesondere die affektive Bindung an den Arbeitgeber bei potenziellen und gegenwärtigen Arbeitnehmern des Unternehmens positiv beeinflussen. Einem umfassenden Zielansatz des Employer Branding folgend, soll eine erfolgreich geführte Arbeitgebermarke zunächst in der relevanten Zielgruppe die Attraktion erhöhen, indem sie zu einer grundlegenden Bekanntheit führt, das Interesse am Unternehmen als Arbeitgeber weckt und letztlich zu positiv belegten Assoziationen führt (Attraction-Ziel). Im zweiten Schritt soll diese Arbeitgebermarke die Entscheidung der erwünschten Bewerber zugunsten des eigenen Unternehmens (Recruiting-Ziel) positiv beeinflussen. Schlussendlich soll eine erfolgreich geführte Arbeitgebermarke auch das Commitment der Arbeitnehmer, das heißt deren Bindung, Loyalität und Engagement, erhöhen (Retention-Ziel). Hinzu kommt ein Reputationsziel, demzufolge alle Arbeitgebermarkenerlebnisse nach Möglichkeit in glaubwürdigen und positiven Testimonials für das eigene Unternehmen münden.

---

22 In Anlehnung an Homburg, Krohmer 2006.

Markenführung entspricht dem Strategieprozess

EVP mit Blick auf die Markenarchitektur des Unternehmens ableiten

Der Markenführungsprozess und somit auch das Führen der Employer Brand entspricht weitestgehend einem klassischen Strategieprozess, dessen Ausgangspunkt stets die Analyse des Unternehmens sowie der relevanten Umwelt ist. Insofern entspricht dieser Teil des Markenführungsprozesses – bezogen auf die Employer Brand – den Ausführungen in Kapitel 3.1. Ergänzend sei an dieser Stelle betont, dass gerade der intensiven Auseinandersetzung mit der Unternehmensmarke und den wesentlichen Produktmarken eine ganz besondere Bedeutung zukommt.

Es ist zwingend erforderlich, die Leistungs- bzw. Nutzenversprechen sowie die Attribute der vorgenannten Marken zu kennen und zu prüfen, inwieweit sie für die Zielgruppen der Employer Brand relevant sind. Gerade Unternehmen mit einer sehr heterogenen Markenarchitektur und zahlreichen Endkonsumentenmarken stehen vor der Herausforderung, exakt zu prüfen, welche Markenmerkmale sich positiv für die Arbeitgebermarke nutzen lassen.

Im nächsten Schritt werden die konkreten Ziele der Employer Brand formuliert. Basis dafür ist eine sehr präzise Beschreibung der Arbeitgebermarke. Gemessen an den Ansprüchen einer professionellen Markenführung ist dies ohnehin schon eine ambitionierte Aufgabe. Zu einer wirklichen Herausforderung wird diese Aufgabe jedoch dann, wenn man bedenkt, dass die meisten Arbeitgeber eine Vielzahl von zum Teil sehr unterschiedlichen Zielgruppen erreichen müssen. Das Ausbalancieren der Erwartungen der jeweiligen Zielgruppe mit den Merkmalen und Leistungen der eigenen Arbeitgebermarke ist der erfolgskritische Faktor für das Employer Branding schlechthin, denn es bestimmt sowohl das Ausmaß der Attraktivität als auch das Ausmaß der Glaubwürdigkeit. Und beides ist für einen erfolgreichen Arbeitgeber auf mittlere bzw. lange Sicht unabdingbar.

Für die Gestaltung und Beschreibung von Marken gibt es im klassischen Marketing zahlreiche Instrumente. Beispielhaft seien hier genannt: Markenidentitätskreise von Aaker, Markenidentität nach Meffert und Burmann oder Markensteuerrad nach Esch.[23] Unabhängig davon, ob und inwieweit man eines dieser Instrumente für

---

23 Vgl. Aaker 1996; vgl. Meffert et al. 2005; vgl. Esch 2005.

die Führung der eigenen Arbeitgebermarke adaptiert, sollten zumindest die allen diesen Instrumenten innewohnenden Anforderungen an Markengestaltung berücksichtigt werden.

Dazu zählen die Formulierung des Kerns und der Versprechen sowie die Beschreibung der Persönlichkeit der Arbeitgebermarke. Im Verhältnis zu den Unternehmens- bzw. Produktmarken darf es hier keine spürbaren Diskrepanzen geben, denn diese würden die Glaubwürdigkeit negativ beeinflussen. Bei der Formulierung der an den Bedürfnissen der jeweiligen Zielgruppen ausgerichteten, differenzierten Leistungsversprechen ist sehr genau darauf zu achten, dass der Kern der Arbeitgebermarke nicht verlassen wird.

Elemente der Markenformulierung

An dieser Stelle des Markenführungsprozesses sollte auch eine Auseinandersetzung mit der Markenarchitektur im Unternehmen erfolgen. Vorweg sollten folgende zwei Fragen geklärt werden: Verfolgt das Unternehmen eine „Ein-Marken-", eine „Dachmarken-" oder eine „Mehr-Marken-Strategie"? Und: Über welchen Autonomiegrad verfügen einzelne Produktmarken? Die Einordnung der Arbeitgebermarke in diese Markenarchitektur sollte auch unter Berücksichtigung des Bekanntheitsgrades und des Images der einzelnen vorgenannten Marken bei den für das Employer Branding relevanten Zielgruppen vorgenommen werden. Beispielsweise gilt es an dieser Stelle ganz praktisch zu entscheiden, ob einzelne sehr bekannte Produktmarken mit hohem Bekanntheitsgrad und positiven Attributen, die jedoch nicht in diesem Umfang unmittelbar mit dem Unternehmen bzw. dem Arbeitgeber assoziiert werden, für Image- bzw. Stellenanzeigen verwendet werden sollen. Unternehmen wie Beiersdorf verstehen diesen Vorteil zum Beispiel mit Nivea glänzend zu nutzen. Nach Esch stellt Markenbekanntheit eine notwendige und Markenimage eine hinreichende Bedingung für den Markenerfolg dar.[24] Demzufolge wäre es mehr als fahrlässig, die Arbeitgebermarke nicht als integralen Bestandteil der gesamten Markenarchitektur zu betrachten.

Markenstrategie des Unternehmens beachten

Die bisherigen Schritte des Markenführungsprozesses der Employer Brand, Analyse und Zielsetzung, münden in die Markenstrategie im engeren Sinne, das heißt, in die Positionierung der Employer

---

24   Vgl. Esch 2005.

Brand bei den relevanten Zielgruppen. Spätestens jetzt kommt im Führungsprozess zu den bisherigen Aspekten – Unternehmen und Zielgruppen – der Wettbewerb als weiterer wesentlicher Faktor hinzu. Eindeutiges Ziel ist auch unter diesem Blickwinkel, die EVP wirksam den relevanten Zielgruppen zu vermitteln.[25]

Die Umsetzung der Employer-Brand-Strategie bildet den operativen Teil des Markenführungsprozesses. Mithilfe aller relevanten Instrumente der Leistungspolitik (zum Beispiel Ausgestaltung der Arbeitsplatz- oder Entwicklungsangebote), der Kommunikation (zum Beispiel Nutzung der Print- und Onlinemedien sowie von Dialogplattformen wie sozialen Netzwerken) und des Eventmarketings (zum Beispiel Workshops oder Karrieremessen) wird der Nutzen der Arbeitergebermarke den Zielgruppen konsequent vermittelt.

Controlling der Arbeitgebermarke

Den letzten Schritt in einer prozessualen Betrachtung der Führung der Employer Brand bildet das Controlling der Arbeitgebermarke. Dabei wird abgeglichen, ob und in welchem Ausmaß insbesondere die Positionierungsziele erreicht wurden. Sofern Abweichungen festgestellt werden – was in dem dynamischen Marktumfeld des Employer Branding in der Regel der Fall sein wird –, finden auf allen vorausgehenden Stufen permanente Nachsteuerungen statt. Dementsprechend gleicht das Führen der Employer Brand mehr einem Kreislauf als einem Prozess. Ein effektives Controlling der Employer Brand sollte unbedingt sowohl auf das Image als auch auf die Identität des Arbeitgebers ausgerichtet sein. Betrachtet man beide Zielgrößen noch in einer differenzierten Soll- bzw. Ist-Ausprägung, so entspricht dieser Ansatz im Wesentlichen dem identitätsbasierten Markenführungsansatz nach Meffert und Burmann, der gerade für das Employer Branding hochwirksam ist.[26] Die Betonung der Identität schützt in der Praxis vor einer überproportionalen Ausrichtung der Arbeitgebermarke am Image. Letzteres ist schon fast eine logische Folge der zahlreichen im Markt etablierten Studien zur Arbeitgeberattraktivität (zum Beispiel von trendence oder Universum), die vornehmlich auf das Image als Arbeitgeber abzielen.

25 Vgl. Kapitel 3.2.
26 Vgl. Meffert et al. 2005.

2.4 Unternehmensbeispiel: Strategisches Employer Branding bei der Deutschen Lufthansa AG
(Michael Tobler)

Der Entwicklung einer für das Unternehmen spezifischen Employer-Branding-Strategie geht zunächst die Erkenntnis voraus, dass Employer Branding in der Tat ein relevantes Thema ist. Unternehmen, die in diesem Feld schon frühzeitig aktiv geworden sind, hatten in der Regel einen konkreten Anlass oder Erkenntnisse aus ihren Recruiting-Zahlen, die eine Auseinandersetzung mit der Wahrnehmung des Unternehmens am Bewerbermarkt erforderlich machten.

Bei der Deutschen Lufthansa AG spielten mehrere Faktoren eine Rolle: Zunächst wurde erkannt, dass in Zeiten wirtschaftlichen Erfolgs hohe Investitionen notwendig waren, um geeignete Bewerber in ausreichender Zahl für das Unternehmen zu interessieren, insbesondere für die Bereiche Bodenservice und Bordservice.

Dagegen stellte sich in Krisenzeiten heraus, dass die kontinuierlich eingehenden Mengen an Bewerbungen mit weiterhin hohem Personaleinsatz bearbeitet werden mussten, obwohl kaum oder keine Einstellungen vorgenommen wurden. Dies wurde in der Krise nach dem 11. September 2001 sehr deutlich. Sobald die Krise durch ein wieder anziehendes Geschäft abgelöst würde, sollte das Unternehmen sehr schnell wieder als Arbeitgeber aktiv werden können.

Aus der Erkenntnis, dass in der Airline-Branche ein ausgeprägter Wechsel zwischen Krise und Erfolg die Regel ist, ergaben sich die Eckpunkte für die Entwicklung einer Personalmarketing- und Employer-Branding-Strategie:

Airline-Branche – ausgeprägter Wechsel zwischen Krise und Erfolg

- Wahrnehmung als attraktiver Arbeitgeber, unabhängig von Krisen- oder Erfolgsphasen
- Kostengünstige Bewerbungsverarbeitung, insbesondere in Krisenzeiten
- Flexibles und schnelles Reduzieren und Wiederanlaufen der Personalmarketingprozesse

Das Wunschszenario wurde folgendermaßen umrissen: Lufthansa ist ein attraktiver Arbeitgeber, der diese Position in Krisenzeiten nicht

Wunschszenario

verliert und deshalb auch schnell wieder am Bewerbermarkt erfolgreich ist.

Aus dieser Ausgangssituation wurde die Erkenntnis gewonnen, dass eine erfolgreiche Strategie nicht nur eine Frage der Arbeitgebermarke, sondern auch eine Frage der Bewerbungsprozesse und -tools ist.

Organisatorische Eingliederung des Employer Branding/ Personalmarketings

In der organisatorischen Aufstellung im Lufthansa-Konzern ist das Thema „Personalmarketing" einerseits eine operativ geprägte, am Recruiting-Bedarf ausgerichtete dezentrale Aufgabe in den einzelnen Konzerngesellschaften.

Andererseits ist der strategische Rahmen als „Konzern Personalmarketing" im Konzern-Vorstandsressort Personal angesiedelt. Damit können sowohl das Thema Employer Branding als auch der konzernübergreifende Bewerbungsprozess und die damit verbundenen Plattformen und Tools als zusammengehörige Aufgabe eines konsistenten Außenauftritts als Arbeitgeber zentral gesteuert werden.

Diese organisatorische Aufstellung „unterhalb" der Personalmarketing-Abteilung widerspricht nicht dem in Kapitel 1 beschriebenen Ansatz, Employer Branding als das weiter gefasste, strategisch umfassendere Thema zu betrachten, das für den gesamten Konzern den Rahmen sowohl für die Personalmarketingstrategien als auch für das operative Personalmarketing und -recruiting bildet.

Unternehmensgröße und -struktur: Eine Arbeitgebermarke für alle?
Für Unternehmen mit einem zentralen Geschäftsfeld ist die Entwicklung einer Arbeitgebermarke ein eher gradliniger Prozess. Für Konzerne wie die Lufthansa AG, die unterschiedliche Geschäftsfelder in unterschiedlichen Konzerngesellschaften betreiben, stellt sich zunächst die Frage, ob es überhaupt den einen Arbeitgeber gibt und ob dieser mit einem klaren Auftritt am Bewerbermarkt präsent ist.

Bei Lufthansa waren nach der Divisionalisierung ab 1993 Geschäftsfelder als eigenständige AG oder GmbH entstanden, die eigenverantwortlich die Mitarbeitergewinnung betreiben. Diese dezentrale Verantwortung ergab und ergibt sich aus den zum Teil sehr unterschiedlichen Berufsfeldern und Zielgruppen. Die große

Spannweite wird deutlich zum Beispiel bei der Gewinnung von Ingenieuren für die Lufthansa Technik einerseits und der Gewinnung von Flugbegleitern für die Lufthansa Passage Airline andererseits.

In den Geschäftsfeldern wurde ein jeweils eigenständiges Verständnis davon entwickelt, was den Arbeitgeber ausmacht. Dies spiegelte sich auch im Auftreten der einzelnen Konzerngesellschaften wider. Wenn man in dieser Zeit die Stellenanzeigen überregionaler Zeitungen aufschlug und die Angebote der verschiedenen Lufthansa-Unternehmen nebeneinander sah, ergab sich ein sehr differentes, zum Teil verwirrendes Bild. Jedes Konzern-Unternehmen stellte seine Besonderheit in den Vordergrund, ein gemeinsames Konzernprofil war nicht erkennbar. Ein Bewerber, der die Konzernstruktur nicht kannte, musste zunächst das Marken- bzw. Absender-Chaos sortieren, bevor er sein Kompetenzprofil dem für ihn passenden Arbeitgeber zuordnen konnte.

Deshalb wurde im Jahr 2002 die Entscheidung getroffen, über alle Geschäftsfelder und Konzerngesellschaften hinweg als „ein Arbeitgeber" aufzutreten. Für die Bewerber sollte „die Lufthansa" als Aviation-Konzern mit seinen vielfältigen Einstiegsmöglichkeiten erkennbar werden. Zugleich sollte die Stärke der Marke „Lufthansa" auch für das Personalmarketing einheitlich genutzt werden.

Viele Konzerngesellschaften – ein Arbeitgeber

Die eine gemeinsame Arbeitgebermarke musste also die verbindenden Werte, die sich in allen Geschäftsfeldern wiederfinden, in den Fokus stellen.

Entwicklung der Marke
Potenzielle Bewerber sind bei bekannten Unternehmen in der Regel auch potenzielle Kunden und haben daher bereits eine Markenwahrnehmung dieses Unternehmens. Diese Markenwahrnehmung stützt sich auf die Wahrnehmung der Produktwerbung, der Unternehmenskommunikation und ganz entscheidend auch auf die Erfahrung mit den Produkten oder Dienstleistungen des Unternehmens. Wenn das Produkt, das mit dem Unternehmen und der Marke Lufthansa in Verbindung gebracht wird, eine Dienstleistung ist, dann prägen qualifizierte und begeisterte Lufthansa-Mitarbeiter

durch ihren Service an Bord oder am Boden nicht nur die Wahrnehmung des Produkts, sondern auch die Wahrnehmung des Arbeitgebers.

Fixpunkte der Arbeitgebermarke: Produktmarke und Werte

Aus dieser Abhängigkeit ergaben sich für die Ausarbeitung der Arbeitgebermarke zwei Fixpunkte:

- Wortwahl und gestalterischer Auftritt der Employer Brand leiten sich von der Unternehmens- und Produktmarke ab.
- Die Werte, die die Unternehmens- bzw. Produktmarke ausmachen, sind auch die Basis der Markenwerte der Employer Brand.

Wie im Kapitel 3.1 beschrieben, ging es im Weiteren darum, aus den vorhandenen Informationen die für die Entwicklung der Arbeitgebermarke wesentlichen Merkmale herauszudestillieren, zu bewerten und auszuformulieren. Zur Verfügung standen verschiedene Research-Ergebnisse, zum Beispiel zur Markenwahrnehmung bei den Kunden, aus den regelmäßigen Mitarbeiterbefragungen sowie die von der Lufthansa-Markenführung erarbeiteten Markenwerte. Neben weiteren externen Quellen gaben auch Befragungen neu eingestellter Mitarbeiter wichtige Hinweise. Allerdings differierten die Ergebnisse in den verschiedenen Geschäftsbereichen zum Teil deutlich bei einzelnen Kriterien wie „Hauptwettbewerber im Kampf um die besten Talente". Dies ist verständlich, denn für zum Beispiel eine Lufthansa Cargo AG sind andere Logistikdienstleister die Wettbewerber, die dagegen im Berufsfeld der Flugbegleiter keine Rolle spielen.

Einheitliche Arbeitgeber-Merkmale

Also galt es, die gemeinsamen Punkte herauszufiltern, die über alle Geschäftsfelder und Konzernunternehmen hinweg Lufthansa zu einem attraktiven Arbeitgeber machen. Wesentliche Merkmale lassen sich aus der gemeinsamen Unternehmensgeschichte ableiten: vom ehemaligen „Staatsbetrieb" hin zu einem internationalen Aviation-Konzern, in allen Geschäftsfeldern erfolgreich, auch im Umgang mit Krisen der Airline-Branche, die nicht zuletzt dank des Engagements der Mitarbeiter bewältigt werden.

Ein weiteres Merkmal ist die gemeinsame Marke, der Kranich. Er steht nicht nur für die Erfolge des Unternehmens oder die Produkte, sondern für die Anziehungskraft, die Lufthansa ausmacht: Fliegen, Wolken, faszinierende Technik, Abheben vom Boden ... also Emotionen, Träume. Auch wenn das Fliegen mittlerweile für viele fast alltäglich geworden ist, kann man sich seiner besonderen Faszination kaum entziehen. Diese Faszination schwingt immer mit im Image, in der Identität, der Tradition, der Corporate Culture und den Werten des Unternehmens.

Deshalb hören wir von neuen Mitarbeitern häufig den Satz: „Ich wollte immer schon zu Lufthansa."

Dieser Impuls des Bewerbers bei der Auswahl seines zukünftigen Arbeitgebers führte zum Kern der neuen Arbeitgebermarke für den Konzern. „Ich will zu Lufthansa" wird beantwortet mit „Be Lufthansa". Damit ist im ersten Schritt schon alles gesagt. In dieser Leitidee bündelt sich, was unsere Arbeitgeberattraktivität ausmacht: Unternehmenserfolg und der Traum vom Fliegen.

Kern der neuen Arbeitgebermarke: „Be Lufthansa"

Im zweiten Schritt geht es um die individuelle Wahrnehmung der verschiedenen Einstiegsmöglichkeiten, die der Aviation-Konzern bietet, also um Informationen über die Stellenangebote, die Berufsfelder, die in den Geschäftsfeldern möglich sind, das Ausbildungsangebot oder die Studienprogramme. Um diesen differenzierten Zugang zu den Arbeitsmöglichkeiten im Aviation-Konzern zu ermöglichen, wurde zeitgleich mit der Entwicklung der Arbeitgebermarke die Entscheidung für eine zentrale Bewerberplattform gefällt.

Karriereportal „Be-Lufthansa" **Abbildung 10**

Be-Lufthansa.com
Das Karriereportal des Aviation Konzerns

Plattform-Strategie für den gesamten Konzern
Die Entscheidung für eine gemeinsame Konzern-Arbeitgebermarke hatte gravierende Konsequenzen: Die Einzellösungen der Konzerngesellschaften wurden aufgegeben zugunsten eines konzernübergreifenden zentralen Zugangs für Bewerber und Interessenten zu allen

Einstiegsmöglichkeiten im Konzern. Damit wurde das Internet zum zentralen Medium, alle Marketing- und Werbemaßnahmen in den verschiedenen Medien und Kanälen wurden auf Be-Lufthansa.com gelenkt.

Konzernübergreifendes Bewerbermanagementsystem

Neben den Informationen über die Einstiegsmöglichkeiten und einer Jobbörse mit den Stellenausschreibungen wurde folgerichtig in einem konzernübergreifenden IT-Projekt ein Bewerbermanagementsystem implementiert, das im Wesentlichen folgende Ziele verfolgte:

1. Schaffen einer gemeinsamen Verarbeitungsplattform als logische Fortsetzung der gemeinsamen Karriere-Webseite
2. Standardisierung und Automatisierung der Bewerbungsverarbeitung, um gerade auch in Krisenzeiten die großen Bewerbermengen kostengünstig verarbeiten zu können
3. Implementierung eines Online-Assessment-Systems zur effizienten Vorfilterung
4. IT-unterstütztes Matching von Bewerberprofilen und Stellen über „Lufthansa Job Families"
5. Talentmanagement-System mit konzernübergreifendem Zugriff auf Qualifikationen

Damit fiel auch die Entscheidung, auf Online-Bewerbungen zu setzen und Papier- oder E-Mail-Bewerbungen mit einer entsprechenden Aufforderung zurückzusenden.

Im Ergebnis fand also eine konzernweite Bündelung in zweifacher Hinsicht und in Abhängigkeit voneinander statt, indem sowohl ein gemeinsamer Auftritt als Arbeitgeber als auch eine gemeinsame Nutzung der Systeme und Tools des Personalmarketings implementiert wurden.

Zentralisierung von Kompetenzen und Erhöhung der Durchsetzungskraft

Aus Sicht der dezentral in den Geschäftsfeldern arbeitenden Personalmarketing-Fachleute wurde insgesamt ein Teil der Verantwortung an die zentrale Abteilung Konzern-Personalmarketing abgegeben. Im Gegenzug wurde damit eine bessere Präsenz und Durchsetzungskraft am Bewerbermarkt gewonnen, verbunden mit einer wesentlich effizienteren Bewerberverarbeitung durch Standardisierung der Prozesse und der Partizipation an einem zentralen State-of-the-Art Bewerbermanagement-System.

An dieser Stelle ist auch ein Blick auf die Wirkung des Employer Branding nach innen, in das Unternehmen hinein, angebracht. Die Identifikationskraft von „Be Lufthansa" und die gemeinsame Präsenz im Internet richten sich auch an die eigenen Mitarbeiter in den verschiedenen Konzernunternehmen. Der Stolz auf den Erfolg des Aviation-Konzerns und der eigene Anteil daran führen zu einer hohen Bereitschaft, unter dieser Leitidee einerseits zum glaubwürdigen Repräsentanten des Arbeitgebers zu werden und andererseits auch die Vielfalt der beruflichen Möglichkeiten zu erkennen, die der Konzern bietet.

3 Employer Branding operativ umsetzen

Nach der strategischen Definition der Arbeitgebermarke ist es Aufgabe der Employer-Brand-Manager, das Markenbild des Arbeitgebers auch operativ umzusetzen. Das bedeutet einerseits, dass Kommunikationsmaßnahmen geplant und durchgeführt werden müssen, die die Ausbildung der Employer Brand in der Wahrnehmung durch die relevanten Zielgruppen unterstützen. Das beinhaltet aber auch, dass die Rekrutierungs- und Auswahlmaßnahmen sich an den Anforderungen der Arbeitgebermarke orientieren – konzeptionell und in der Anwendung. Drittens folgt daraus, dass alle Maßnahmen des Personalmanagements darauf überprüft werden müssen, ob sie die Attraktivitätsfaktoren der Arbeitgebermarke berücksichtigen.

3.1 Umsetzung der Employer Brand in den Personalinstrumenten *(Susanne Siebrecht)*

Mitarbeiter zu Markenbotschaftern zu machen bedeutet mehr, als sich mit Logos, Farbwahl und Bilderwelten zu befassen und dann Plakate oder gar Broschüren anzubieten. Wie in Kapitel 2 dargestellt, ist die operative Umsetzung der Employer Value Proposition (EVP) sowohl in die bestehenden Personalmanagementinstrumente und -prozesse als auch in die interne und externe Kommunikation an die Zielgruppen eine wesentliche Brücke zwischen der Arbeitgeberpositionierungsstrategie und der Implementierung der Markenwerte. Markenorientierte Veränderungsprozesse scheitern oft, wenn in der Implementierungsphase von Instrumenten die Aufmerksamkeit überwiegend auf die Kommunikation gerichtet wurde. Wenn es darum geht, dass die Mitarbeiter ihr Verhalten nach den Werten der Arbeitgebermarke ausrichten sollen, bietet das Personalmanagement, einschließlich der Organisationsentwicklung, eine ganze Bandbreite von Instrumenten an, um die Identität, die Werte und die Kernbotschaften des Arbeitgebers nachhaltig zu verankern und zu unterstützen.

Je nach Zielgruppe – interne als auch externe Kunden – besteht daher die Notwendigkeit, einen wirkungsvollen Instrumentenmix, angepasst an die unternehmensspezifischen Rahmenbedingungen,

EVP-konformer Instrumentenmix, ausgerichtet an der jeweiligen Zielgruppe

zu entwickeln, kontinuierlich in die Organisation zu integrieren und das markenkonforme Verhalten sichtbar und somit messbar zu machen.

Abbildung 11 stellt eine vereinfachte Übersicht der wesentlichen Handlungsfelder auf operativer Ebene für das interne Erleben auf der einen und die authentische Darstellung nach außen auf der anderen Seite dar.[27] Die Systematik hierbei folgt der integrierten Markenführung und ist als funktionsübergreifender Bestandteil der Unternehmensführung zu verstehen, bei dem die bewusste Aktivierung und Veränderung des Mitarbeiterverhaltens eine zentrale Rolle einnimmt. Auf die Handlungsfelder wird nachfolgend beispielhaft eingegangen.

Abbildung 11

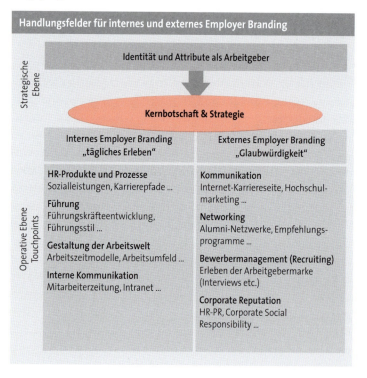

[27] Vgl. http://www.employerbranding.org (Stand: 11.11.11).

3.1.1 Marke erleben – internes Employer Branding

Alle Personalinstrumente entlang der Wertschöpfungskette (Karriereperspektiven, Weiterbildung, Sozialleistungen, Förderprogramme etc.) sind dahingehend zu prüfen, ob die Zielsetzung und die dazugehörigen Prozessschritte die Kernbotschaften der Employer Brand widerspiegeln bzw. für den Mitarbeiter nachvollziehbar und transparent transportieren. Es empfiehlt sich nicht, das gesamte HR-Portfolio von heute auf morgen zu verändern. Stattdessen sollte man den Fokus zunächst auf die erfolgskritischen Bereiche richten (Brand-Touchpoint-Analyse, siehe Kapitel 5), um für Mitarbeiter schnell sichtbare Ergebnisse zu erwirken.

Konzentration auf erfolgskritische Personalinstrumente

Bereits bei der Personalauswahl und der Integration von neuen Mitarbeitern kann eine markengerechte Sozialisation stattfinden. Bei den Personalauswahlinstrumenten sind die Markenwerte zu integrieren, um möglichst ein Best-Fit von Anfang an zu erreichen und ein frühzeitiges Ausscheiden bereits in der Probezeit zu vermeiden. Es kann für den Unternehmenserfolg entscheidend sein, den Kandidaten einzustellen, der am besten zur Employer Brand passt. Integrationsprogramme bieten in einen Tag oder mehrere Tage oder Wochen dauernden Veranstaltungen die Möglichkeit, neue Mitarbeiter mit der Unternehmenskultur, mit den Werten und Verhaltensweisen vertraut zu machen und crossfunktionales Denken zu fördern.

Für strategisch wichtige Funktionen wie auch für Engpassfunktionen sollten geeignete Produkte angeboten werden, um sich vom Wettbewerb zu differenzieren. Dies können unter anderem entsprechende Vergütungsmodelle, Cafeteria-Systeme oder entsprechende Benefits (Mitarbeiterbeteiligungs- oder Bonusprogramme, Dienstwagen, betriebliche Altersvorsorgepläne etc.) sein. Darüber hinaus ist die Integration der Kernwerte in die Personalentwicklungs- und Förderprogramme wichtig, von der Spezialisten-/Fachebene bis hin zum Topmanagement. Nur wenn diese Kernwerte durchgängig vermittelt und in entsprechende Verhaltensanforderungen übersetzt und eingefordert werden, kann sich die Unternehmenskultur langfristig positiv verändern, und nur dann können sich Führungskräfte und Managementebene zu Vorbildern entwickeln.

Markenkonformes Verhalten operationalisieren

Markenkonformes Verhalten wird in einigen Organisationen entsprechend vergütet und anerkannt. Dazu wird die Markenidentität übersetzt in entsprechende Soll-Verhaltensweisen und mit dem Grad der Ausprägung versehen. Hilfreich ist in diesem Zusammenhang die Verwendung von „Markencharts". Diese übernehmen eine Orientierungsfunktion für Führungskräfte und Mitarbeiter und können somit zum Beispiel im jährlichen Mitarbeiter-Performance-Appraisal gemessen und analysiert werden.

> **Tipp**
>
> Erfolgreiche Unternehmen fokussieren sich nicht ausschließlich auf erreichte Ergebnisse in ihren Mitarbeiterbeurteilungen und -gesprächen, sondern auf das „Wie", mit dem das Ergebnis erreicht wurde. Das bedeutet: Wie wurden die Markenwerte bei der Umsetzung bis hin zum Ergebnis berücksichtigt?

Auch interne Nominierungsprozesse helfen, entsprechendes Verhalten von Mitarbeitern und Führungskräften für alle Mitarbeitenden transparent zu machen und daraus interne Geschichten zu gewinnen, die zu Kommunikationszwecken weiterzuverwenden sind.

Markenkonforme Gestaltung des Arbeitsumfeldes

Zukünftig wird dem Handlungsfeld „Gestaltung der Arbeitswelt" eine immer größere Bedeutung beigemessen werden. Darunter lassen sich Gebiete wie das Arbeitsumfeld, die Arbeitsorganisation, Hierarchien und Arbeitszeitmodelle subsumieren. Auch in diesen komplexen Feldern muss sich das Markenversprechen wiederfinden lassen. Wenn dies gelingt, eröffnet sich ein großes Potenzial zur Differenzierung gegenüber Wettbewerbern. Gleichzeitig bedeutet es einen großen intrinsischen Motivationsfaktor.

Die nach innen gerichtete Kommunikation ist dabei die Brücke zwischen den Bereichen Kommunikation, Marketing und Personalbereich. Nicht nur klassische Medien wie das Intranet, die Mitarbeiterzeitung oder ein Mitarbeiter-TV zählen hierzu, sondern auch die Kommunikation im Rahmen von Betriebsversammlungen oder Events („Welcome Days" für neue Mitarbeiter sind nach Werten auszurichten, genauso wie die gesamte Integrationsphase oder Markenschulungen), ebenso die Meetingkultur und der informelle Austausch über Hierarchieebenen hinweg. Die Möglichkeiten der Wertekommunikation sind auch unter raumgestalterischen Gesichtspunkten zu sehen, wie zum Beispiel bei Kommunikationsinseln und Besprechungsräumen. Die beste Vermittlung der Markenidentität erfolgt im Rahmen der persönlichen Kommunikation innerhalb von Schulungen mit interaktiven Elementen, um die Begeisterung für die Marke direkt erlebbar zu machen.

3.1.2 Glaubwürdige Marke – externes Employer Branding

Instrumente, die insbesondere für das externe Employer Branding eingesetzt werden, werden später im Buch erläutert. Daher an diesem Punkt eine kurze Zusammenfassung der wesentlichen Handlungsfelder:

Ein zentraler Bereich ist sicherlich die Arbeitgeberpositionierung und Vermarktung im Sinne einer Kommunikationsausrichtung. Die Botschaft der Arbeitgebermarke muss zielgruppenspezifisch und unter dem Einsatz des entsprechenden Instrumentes aufbereitet werden. Als Instrumente kommen hier zum Einsatz:

Authentische und markenkonforme Botschaften

- die Unternehmens-Karriereseiten,
- das Hochschulmarketing mit Kontakten und Kooperationen zu ausgewählten Hochschulen, die für die strategische Ausrichtung des Unternehmens von Relevanz sind,
- klassische Medien wie Internet-Jobbörsen,
- Bannerschaltungen auf ausgewählten oder zielgruppenspezifischen Foren,
- Pressearbeit und
- der Bereich Messen und Events (firmeninterne Recruiting-Tage oder externe nationale Events wie zum Beispiel der Absolventenkongress).

Aufgrund der sich verändernden Informationslandschaft und den Anforderungen der „Generation Y" wird das Networking und das Management der Beziehungen zu ausgewählten Zielgruppen noch mehr an Bedeutung gewinnen. Die Grenzen sind heute fließend, und über die Nutzung von Social-Media-Kanälen finden Unternehmen einen weiteren Zugang, um mit ihren Zielgruppen in den Dialog zu treten und diese auf die Unternehmens-Karriereseite aufmerksam zu machen, die weitere interaktive Instrumente anbieten kann. Beispiele sind Culture-fit-Checks (IKEA), Online-Assessments zur Berufsfindung oder Video-Mitarbeitertestimonials, in denen Mitar-

Beziehungsmanagement und Social Media

beiter über ihren Arbeitsalltag im Unternehmen informieren. Nicht zu vernachlässigen beim externen Employer Branding ist das interne Potenzial der Mitarbeiterempfehlungsprogramme (Referrals), entweder mit oder ohne monetäre Anreize, um geeignete Bewerber für das Unternehmen zu gewinnen. Einfach und bereits mit wenigen Mitteln lassen sich Programme zur Bindung von Talenten im Unternehmen, sogenannte Alumni-Programme, implementieren.

Das Unternehmens- und Arbeitgeberimage kann nicht zuletzt über Erfolgsgeschichten transportiert werden, die sowohl aus der Belegschaft kommen als auch vom Unternehmen selbst initiiert werden können. Wenn zum Beispiel eine Botschaft die Werte „Teamspirit" und „Verantwortung" vermitteln will, kann im Rahmen des sozialen Engagements gegenüber der Gesellschaft zum Beispiel ein Schulgebäude als Gemeinschaftsarbeit von Mitarbeitern und Führungskräften des Standortes projektiert werden, um ein positives Image als verantwortlich handelndes Unternehmen zu befördern; gleichzeitig wird das Erleben von Werten in der Gemeinschaft des Teams ermöglicht. CSR-Aktivitäten geraten so in den Fokus, die auch beim Werteprofil eines potenziellen Kandidaten zur Entscheidung herangezogen werden können.

Während es die Zielsetzung aller internen Instrumente ist, Mitarbeitern unter Berücksichtigung der entwickelten Arbeitgebermarkenpositionierung Orientierung zu geben und das markenkonforme Verhalten zu erhöhen, zahlt im externen operativen Employer Branding der Instrumentenmix auf eine attraktive, differenzierte und vor allem glaubwürdige Arbeitgebermarke ein.

3.1.3 Unternehmensbeispiel: Operationalisierung der Employer Brand: Zielgruppenfokus bei Lufthansa – „Die Richtigen richtig ansprechen" *(Michael Tobler)*

In der ersten Phase des Lufthansa-Employer-Branding ab 2002 stand die Etablierung einer gemeinsamen, konzernübergreifenden Marke, standardisierter Bewerber-Prozesse und einer gemeinsamen IT-Plattform im Vordergrund. Damit konnten die Konzerngesellschaften der Lufthansa in allen Kommunikationskanälen mit einem einheitlichen, durch Gestaltungsregeln und -vorlagen definierten Erscheinungsbild am Arbeitsmarkt auftreten. Alle Personalmarketing-Aktivitäten konnten so in die gemeinsame Marke „Be Lufthansa" einzahlen.

In Zeiten zunehmenden Bewerbermangels rückt ein zweiter Aspekt in den Vordergrund: Wie kann man genau die Bewerber erreichen und für das Unternehmen interessieren, die man in einem bestimmten Segment benötigt?

Gezielte Bewerberansprache

Die Grundvoraussetzungen, um für Bewerber der Arbeitgeber der Wahl zu werden, sind – neben der Attraktivität der Arbeitgebermarke – der Einsatz eines leistungsfähigen Bewerbermanagementsystems, transparente und effiziente Prozesse, faire Eignungsuntersuchungen und Auswahlmethoden sowie die Rahmenbedingungen des Arbeitsplatzes selbst. Diese Voraussetzungen waren bereits geschaffen worden und hatten sich bewährt.

Unternehmen mit starken Marken und einem attraktiven Arbeitgeberimage haben kaum das Problem, insgesamt zu wenige Bewerber zu haben. Die entscheidende Frage ist jedoch nicht die Menge der Bewerber, sondern der Grad ihrer Eignung für die zu besetzenden Stellen. Für die Zielgruppe der Ingenieure eignen sich eben nur Bewerber mit einem entsprechenden Studium und passender fachlichen Ausrichtung.

Für Flugbegleiter hingegen sind Art und Fachrichtung von Schulabschluss oder Studium unwichtig, entscheidend sind hier bestimmte Persönlichkeitsmerkmale, die für den Service an Bord eines Flugzeugs zwingend erforderlich sind.

An diesen beiden Beispielen wird deutlich, dass die Ausrichtung auf besondere Zielgruppen eine spezifische Ansprache notwendig macht, aufbauend auf den oben genannten Grundvoraussetzungen, die vom Arbeitgeber der Wahl erwartet werden.

Ab 2005 wurde bei Lufthansa erkennbar, dass der mit den etablierten Mitteln erreichbare kontinuierliche Bewerberzulauf auf Be-Lufthansa.com nicht ausreichte, um den Bedarf an Bewerbern für bestimmte Tätigkeitsfelder wie Service-Mitarbeiter, Ingenieure oder Piloten zu decken.

Die Arbeitgebermarke „Be-Lufthansa" wurde deshalb in einer zweiten Stufe weiterentwickelt. Es war schnell klar, dass der grundlegende Ansatz der Marke weiterhin Geltung hatte. Der Auftritt und die bis dahin für das Marketing und die Kommunikation verwendeten Ausprägungen (Be ambitious, Be inspiring, Be passionate, Be engaging, ...) mussten jedoch unter dem Aspekt der Fokussierung auf Zielgruppen hinterfragt werden. Inhaltlich leiteten sie sich aus den Markenwerten ab und waren formuliert wie allgemeine Erwartungen an den Bewerber aus der Sicht des Arbeitgebers.

Neuer Zugang: vom Bewerber aus denken

Die neue Idee bestand darin, die Perspektive umzudrehen: Als Ausgangspunkt setzten wir die individuellen Interessen, Erfahrungen, Vorstellungen und Wünsche, die spezifisch für die einzelne Zielgruppe sind. Daraus sollte die Kommunikation entwickelt werden, die die richtigen Bewerber zu der Entscheidung hinführt, sich bei Lufthansa zu bewerben.

Begonnen wurde 2006 mit der Zielgruppe „Service Professionals", also Flugbegleiter und Bodenservice-Mitarbeiter. In Gesprächen mit der verantwortlichen Abteilung, mit erfahrenen Mitarbeitern der Zielgruppe sowie mit neu eingestellten Mitarbeitern wurden Themenbereiche herauskristallisiert, die die gewünschte Zielgruppe mit den für das Berufsbild typischen Eigenschaften in Verbindung bringen. Diese Vorgehensweise wurde für die weiteren Zielgruppen übernommen, so bei technischen Auszubildenden, bei Ingenieuren oder bei Piloten.

Damit diese jeweils spezifischen Themen für den einzelnen Bewerber erkennbar werden, war der entscheidende Schritt die Umsetzung der Inhalte in Bildwelten. Gemäß der in Kapitel 3.2.2 beschriebenen Bedeutung dieser Umsetzung für den Erfolg des Markenauftritts wurde zunächst der gewünschte Kommunikationsweg definiert und dann eine Bildsprache entwickelt, die in der Lage ist, die gewünschten Inhalte auf diesem Kommunikationsweg zu transportieren.

Aufbauend auf der Strategie eines gemeinsamen Portals für alle Bewerber im Konzern sowie einer darauf aufsetzenden Bewerbungsplattform war der Kommunikationsweg vorgegeben:
1. Aufmerksamkeit bei „den Richtigen" wecken
2. mit dem für die Zielgruppe spezifischen Thema die Kommunikation beginnen

3. den Bewerber auf Be-Lufthansa.com lenken und das Thema vertiefen
4. den Bewerbungsprozess beginnen

Aus der Umkehrung der Perspektive folgte im Weiteren, dass es nicht das eine Keyvisual des Unternehmens geben wird, sondern dass die für die Zielgruppen entwickelten Themen und Szenarien jeweils mit einem Keyvisual belegt werden, das die Kommunikation mit dem Bewerber aus der Perspektive des Bewerbers beginnt. Gestützt wird dies durch den Claim: „Be who you want to be – Be-Lufthansa.com", der auf die individuellen Interessen und Fähigkeiten des Bewerbers zielt.

Damit verabschiedeten wir uns von den für die Personalwerbung typischen Bildern der lächelnden, fröhlichen Menschen, die letztlich eher unspezifisch für jedes Unternehmen stehen könnten, würde man das Firmenlogo austauschen.

An einigen Beispielen soll die Umsetzung der Strategie verdeutlicht werden.

Symbolische Motive statt austauschbarer Business-Szenen

 Abbildung 12

Zielgruppenfokus: Service

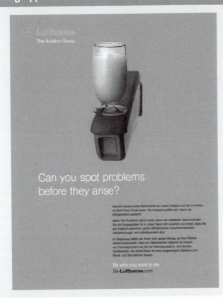

Can you spot problems before they arise?

Could you get him on the next flight to Rome?

Employer Branding operativ umsetzen | Kapitel 3 | 61

Für den Service am Boden und an Bord werden typische Situationen aus dem Berufsalltag mittels symbolisch fotografierter Motive dargestellt (siehe Abb. 12). Die Headline ist als Frage an den Betrachter formuliert. Die These: Der für die Situation aufgeschlossene und damit potenziell geeignete Betrachter sucht nach einer Antwort auf die Frage, liest weiter, erkennt sich und seine Fähigkeiten in der Beschreibung wieder und wird neugierig auf das Stellenangebot.

Bei den Auszubildenden in den technischen Berufen der Lufthansa Technik AG dienen andere Motive als „Hingucker" (siehe Abb. 13): Wer zum Beispiel Spaß daran hat, an seinem Moped herumzuschrauben und keine Angst vor ölverschmierten Fingern hat, der könnte sich auch eine Ausbildung im Bereich der Flugzeugwartung vorstellen, an die er vorher vielleicht noch nicht gedacht hatte.

Für viele Ingenieure kann die Wahl des zukünftigen Arbeitgebers wesentlich davon mitbestimmt werden, welche technischen Herausforderungen auf ihn warten.

Abbildung 13 **Zielgruppenfokus: Azubis technische Berufe und Ingenieure**

Bei der Themenfindung für Piloten ergaben die Diskussionen mit den Vertretern dieser Mitarbeitergruppe sehr unterschiedliche Motivationen für die Berufswahl. Die daraus resultierenden Themen und Motive wurden zum Teil kontrovers diskutiert, jedes erfüllt aber die Vorgabe, den Blick auf sich zu ziehen und damit bestimmte Zielgruppen anzusprechen (siehe Abb. 14).

Zielgruppenfokus: Piloten **Abbildung 14**

Schließlich wurden auch übergreifende, von einer spezifischen Berufsgruppe unabhängige Motive entwickelt, die für das Arbeiten im Lufthansa-Konzern stehen:

Die Faszination der Airline-Branche, der Führungsanspruch als Innovationstreiber in den Geschäftsfeldern der Branche, die Fähigkeit, Menschen, Kulturen, Waren und Dienstleistungen zusammenzubringen und zu bewegen, und schließlich das hohe Engagement der Mitarbeiter für ihre Aufgaben und für ihr Unternehmen.

Abbildung 15 **Konzernübergreifende Motive**

Die Beispiele zeigen, dass die Gemeinsamkeit und Wiedererkennbarkeit erhalten bleibt, auch wenn völlig unterschiedliche Zielgruppen angesprochen werden. Zum Teil sind die Motive nicht auf Anhieb thematisch einzuordnen, durch die Prägnanz sind sie aber dazu geeignet, Aufmerksamkeit zu erregen und neugierig zu machen.

Es geht weiter: Kontinuität der Marke

Auch wenn es gelungen ist, mit einer treffenden und am Bewerbermarkt erfolgreichen Kampagne seine Arbeitgebermarke wirkungsvoll zu operationalisieren und glaubwürdig zu präsentieren, muss klar sein, dass eine Marke leben und der Markenauftritt sich weiterentwickeln muss. Veränderter Personalbedarf im Unternehmen, neue Zielgruppen, Änderungen im Geschäftsmodell oder andere interne Faktoren können die erneute Auseinandersetzung mit der Employer Brand notwendig machen. Aber auch äußere Faktoren können ein Anlass sein, wie z. B. Veränderungen in der Medienwahrnehmung, neue Recruiting-Kanäle, neue Technologien.

Kontinuität in der Markenführung und ständige kritische Überprüfung des aktuellen Auftritts sind deshalb erfolgsentscheidend. Änderungen am Markenkern, an den wesentlichen Botschaften, also an der Employer Value Proposition sollten mit größter Sorgfalt geprüft werden, da die zum Teil weitreichenden Konsequenzen nicht immer sofort offensichtlich sind.

Bei Lufthansa hat die Employer Brand „Be Lufthansa" bereits seit 2002 Bestand. Seither gab es Anpassungen, die sich mal auf die verwendeten Bildwelten und gestalterische Details, mal auf die inhaltlichen Schwerpunkte ausgewirkt haben. Ein Relaunch des Karriereportals Be-Lufthansa.com, der Wechsel des Bewerbermanagement-Systems, die Fokussierung auf bestimmte Zielgruppen oder auch die Implementierung einer Facebook-Fanpage im Jahr 2010 – all diese Neuerungen wurden jeweils darauf geprüft, ob sie das Grundverständnis der Aussage „Be Lufthansa" weiter befördern und stützen können.

Bei der Entwicklung einer neuen Kampagne für die Anwerbung von Flugbegleitern haben wir uns für ein Konzept entschieden, das bei der „Story" wieder die Perspektive des potentiellen Bewerbers einnimmt. Sie setzt bei seiner Erfahrungs- und Erlebniswelt an und soll ihn motivieren, seine Fähigkeiten und Interessen unter dem Aspekt „Flugbegleiter bei Lufthansa" zu betrachten.

So bleibt auch bei einer neuen Kampagne in einem geänderten Auftritt der inhaltliche Kern erhalten: „Be who you want to be – Be-Lufthansa.com".

3.2 Imagebezogene Kommunikationsmaßnahmen

3.2.1 Kontextfaktoren der Ausgestaltung von Kommunikationsmaßnahmen *(Anja Seng)*

Bevor eine Kategorisierung der verschiedenen Instrumente des Employer Branding erfolgen kann, gilt es, den Kontext zu erfassen, in dem die Kommunikation erfolgt, das heißt, in dem die gesendete Nachricht – das Markenversprechen des Unternehmens – auf den Empfänger – die Zielgruppe – trifft.

Relevant für die Ausgestaltung der Kommunikationsmaßnahmen ist zunächst das Involvement der anzusprechenden Zielgruppe, das heißt die persönliche rationale wie auch emotionale Betroffenheit.[28] Verglichen mit der Konsumentenforschung, entspricht die Wahl eines Arbeitgebers am ehesten dem Typus der extensiven, überlegten und Alternativen abwägenden Entscheidung. Für solche Entscheidungen sind die starke kognitive Kontrolle, große benutzte Informationsmengen, langsame Entscheidungsgeschwindigkeiten sowie kognitiv und emotional hohes Involvement charakteristisch.[29] Die Organisationswahl eines Bewerbers verläuft nach Süss in drei Phasen:

Phasen der Organisationswahl eines Bewerbers

- Phase 1 – Low Involvement: Ungezielte, passive Informationsaufnahme über Unternehmen mittels Massenkommunikation, wodurch sich im Laufe der Zeit Unternehmensimages herausbilden.

- Phase 2 – Präferenzbildung: Bestehendes erstes Interesse an Arbeitgeber- und Arbeitsplatzinformationen, möglicherweise über persönliche Kommunikation, führt zur Herausbildung von Arbeitgeberimages und zur allmählichen Aufstellung einer Präferenzreihenfolge bezüglich potenzieller Arbeitgeber.

- Phase 3 – Critical Contact: Mittels Bewerbung beim präferierten Arbeitgeber wird der persönliche Kontakt intensiviert. Über Auswahlverfahren und Arbeitgeberfeedback entsteht unmittelbare Bekanntschaft mit dem potenziellen Arbeitsumfeld, was die Evaluation des Vertragsangebots untermauernd zur Beitrittsentscheidung führt.

Das Involvement ist eine komplexe, mehrdimensionale Größe, die durch persönliche Motive, Erwartungen und Bedürfnisse geprägt ist. Dabei ist es zugleich reizabhängig und wirkt situativ, von Medien und externen Botschaften beeinflusst.[30] Somit spielt neben den Umweltreizen auch das „Produkt-Involvement" – in diesem Fall die wahrgenommene Attraktivität des Arbeitgebers – eine bedeutende Rolle.

---

28 Vgl. Seng 2001.
29 Vgl. Süss 1996.
30 Vgl. Kroeber-Riel et al. 2009.

Da die Wahl von Arbeitgeber und Arbeitsplatz ein hohes kognitives und emotionales Konfliktpotenzial aufweist – schließlich hängen Selbstbild und Selbstdarstellung hiervon ab –, ist mit einem hohen Produkt-Involvement zu rechnen, das sich mit zunehmender Entscheidungsnähe kontinuierlich steigert. Folglich ist auch während des zeitlich gedehnten Prozesses der Organisationswahl zunächst im Sinne der Bildung von Unternehmensimages ein niedriges Involvement gegeben, das mit zunehmender Konkretisierung von Arbeitgeberimages immer stärker wird. Für das Employer Branding gilt es, bereits in Phase 1 aktiv auf die sich noch passiv verhaltende Zielgruppe zuzugehen, um sich zunächst eine Bekanntheit zu verschaffen und anschließend eine ausreichend positive Attraktivität als Arbeitgeber auszustrahlen. In Phase 1 wirken folglich vornehmlich breit streuende Kommunikationsinstrumente, wie Karrierewebsites, Imagebroschüren, Imageanzeigen und Unternehmensdarstellungen in Print- und Onlinemedien sowie Hochschulpräsenz. Phase 2 erfordert eine gezielte Ansprache der relevanten Kandidaten, sei es durch Praktika, Workshops oder spezielle Rekrutierungsevents, durch das Angebot von Abschlussarbeiten oder Stipendien oder durch Social-Media-Angebote. Phase 3 verlangt eine professionelle Kommunikation während und nach dem Bewerbungsprozess sowie ein konsequentes Retentionmanagement.

Hohes Involvement der Zielgruppe bei der Arbeitgeberwahl

Neben dem Involvement der Zielgruppe stellt sich für die Ausgestaltung der Kommunikation auch die Frage, in welcher Situation die Entscheidung der Arbeitgeberwahl getroffen wird. Hierfür lassen sich grundsätzlich zwei unterschiedliche Situationen festhalten: beim Berufseinstieg, das heißt nach Schule oder Studium, oder bei einem Organisationswechsel. Die idealtypischen, mit keinem Anspruch auf Vollständigkeit dargestellten Merkmale der jeweiligen Entscheidungssituation (Abbildung 16) zeigen sowohl Gemeinsamkeiten als auch Unterschiede, die die Organisationswahl beeinflussen und somit bei der Kommunikation Beachtung finden sollten.

Situationsvariablen bei der Arbeitgeberwahl

Abbildung 16 **Idealtypische Merkmale der Entscheidungssituation bei der Organisationswahl[31]**

Absolventen	Berufserfahrene Kandidaten	
Erste Organisationswahl	Zweite/dritte etc. Organisationswahl	
Entscheidung aufgrund eines Einstiegs in einen neuen Lebensabschnitt	Entscheidung aufgrund von Unzufriedenheit in aktueller Position	Entscheidung aufgrund einer attraktiven Alternative
Einstiegsaspekt	Entwicklungsaspekt	
Aktive Suche	Passive Ansprache	
Mehrere Alternativen zu einem Zeitpunkt	Wenige Alternativen mit zeitlichem Abstand	
Tendenzielles Interesse an extrinsischen Anreizen	Tendenzielles Interesse an intrinsisch wirkenden Anreizen	

So ist die Ansprache bei der ersten Organisationswahl durchaus offensiver zu gestalten, um zunächst eine gewisse Bekanntheit bei der Zielgruppe zu erreichen, die dann in Attraktivität überführt werden kann. Dem Spannungsmoment, das beim Übergang von Schule oder Studium in das Berufsleben entsteht, kann entsprochen werden, indem proaktiv auf die Absolventen eingegangen wird. Die Ansprache von Kandidaten, die zufrieden in ihrer Position tätig sind, ist hingegen deutlich zurückhaltender zu gestalten. Im Laufe der Berufstätigkeit dieser Zielgruppe hat sich das Unternehmen – wenn möglich – bereits als bekannt positioniert, sodass es nun über die Vermittlung von intrinsisch wirkenden Anreizen, die aus der vakanten Position, dem Tätigkeitsumfeld oder dem Unternehmen insgesamt entstehen, beispielsweise durch die persönliche Ansprache eines neutralen Personalberaters den Wunschkandidaten gewinnen kann.[32]

3.2.2 Kategorisierung von Kommunikationsmaßnahmen

Nach Sponheuer ist es „Aufgabe der Kommunikation [...], das Unternehmen als Arbeitgeber bei den Zielgruppen bekannt zu machen

---

31 Langer 1992, S. 2.
32 Vgl. Seng 2001.

und über die besonderen Charakteristika und Werte im Sinne der Soll-Identität zu informieren."[33] Dabei sind die Botschaften der Arbeitgebermarke in konkrete verbale Botschaften und Bildwelten zu überführen. Für den gezielten Einsatz entsprechender kommunikationspolitischer Maßnahmen ist die Kenntnis von deren Wirksamkeit[34], Kosten und Steuerbarkeit erforderlich.

Die unpersönliche Form der Kommunikation richtet sich primär an das externe Bewerberpotenzial. Sie übt vor allem die Funktionen der Information, der Kommunikation, der Bewerberaktivierung und der Förderung der Selbstselektion der Bewerber aus, weiterhin dient sie der Imagepflege, der Werbung um öffentliches Vertrauen sowie dem Aufbaus eines Bewerberreservoirs.[35] Somit sind auch das langfristig orientierte Employer Branding und die kurzfristige, auf Rekrutierungserfolge ausgerichtete Personalsuche unbedingt zu differenzieren.

Unpersönliche Form der Kommunikation

Beim Einsatz der indirekten Kommunikation sind die Rahmenbedingungen der Kommunikation einzubeziehen: Die Informationsüberlastung der Empfänger führt zu einer zunehmenden Informationsselektion durch den Adressaten und zu einer verminderten Wirksamkeit.[36] Die Austauschbarkeit der werblichen Kommunikation schränkt die Profilierungsmöglichkeiten des einzelnen Anbieters ein. Der Wertewandel führt zu kritischen Reaktionen aufseiten der Adressaten, sodass eine dialogorientierte Kommunikation in den Vordergrund rückt – ein guter Beleg für die zunehmende Relevanz der Kommunikation via Social-Media-Plattformen.

---

33   Sponheuer 2010, S. 235.
34   Die Aussagen zur Wirksamkeit sind nur tendenziell möglich und von der konkreten Kommunikationssituation sowie den Persönlichkeitsmerkmalen der Kommunikanten abhängig.
35   Vgl. Weber, Mayrhofer, Nienhüser 1993.
36   Vgl. Krell, Tiedmann 1997; vgl. Lange, Berens, Greiten 2010.

Abbildung 17 **Wirksamkeit kommunikationspolitischer Maßnahmen im Employer Branding**

Kontakt zum Adressaten	Kommunikationsträger	
	Nonmediale Kommunikation Persönliche Kommunikation	**Mediale Kommunikation** Nicht-persönliche Kommunikation
Direkte Kommunikation (individuelle Ansprache)	Beispielhafte Ausprägungen: Kontakt bei Rekrutierungsveranstaltungen, Bewerbungsgespräche	Beispielhafte Ausprägungen: adressierte Information, z. B. Broschüren, Newsletter (Print & online), Social-Media-Aktivitäten, Telefon, E-Mail
	Wirksamkeit: sehr hoch, allerdings in Abhängigkeit von der Authentizität der Repräsentanten	Wirksamkeit: relativ hoch durch Individualisierung der Ansprache
	Kosten: eher hoch durch die hohe Individualisierung der Maßnahmen	Kosten: vertretbar aufgrund einer grundlegenden Standardisierbarkeit
	Steuerbarkeit: zielgruppen- und bedarfsgerechte Anwendung möglich, geringe Streuverluste	Steuerbarkeit: zielgruppen- und bedarfsgerechte Anwendung möglich, geringe Streuverluste
	Einsatzzeitpunkt: Bindung und Gewinnung	Einsatzzeitpunkt: Bindung/Kontaktpflege
Indirekte Kommunikation (anonyme Ansprache)	Beispielhafte Ausprägungen: Einschaltung von Experten, Gespräche innerhalb der Zielgruppe (persönlich und online/v. a. Social Media)	Beispielhafte Ausprägungen: Imageanzeigen (Print & online), Unternehmensprofile (Print & online), Karrierewebsite, TV-Spots, Hörfunk
	Wirksamkeit: besonders hoch, da unbeeinflusst vom Unternehmen und somit besondere Glaubwürdigkeit	Wirksamkeit: eher gering in der Einzelwirkung, jedoch hoch in der Breitenwirkung.
	Kosten: gering	Kosten: hoch
	Steuerbarkeit: quasi nicht möglich	Steuerbarkeit: gering bei relativ hohen Streuverlusten; als komplementäre Kommunikationsform allerdings kaum ersetzbar
	Einsatzzeitpunkt: Ansprache, Bindung und Gewinnung	Einsatzzeitpunkt: Ansprache/Erstkontakt (Ausstattung mit Responseelementen)

In der persönlichen Kommunikation besteht die höchste Beeinflussungswirkung. Als Vorteile gelten vor allem die höhere Glaubwürdigkeit, die stärkeren sozialen Kontrollmöglichkeiten, die durch die Feedbackmöglichkeit erhöhte Flexibilität, die leichtere Beeinflussung der selektiven Informationsaufnahme und die fehlende Bindung an wettbewerbsrechtliche Vorschriften. Diese Form der Kommunikation gewinnt mit zunehmendem Entscheidungsdruck, wie er besonders im fortschreitenden Bewerbungsprozess entsteht, an Bedeutung und ist hier der Massenkommunikation deutlich überlegen.

Persönliche Kommunikation

Auch im Employer Branding gilt: Tu Gutes und sprich darüber! Allerdings ist zu berücksichtigen, dass die Gestaltung des Unternehmensauftritts in den Massenmedien nicht (mehr) allein durch das Unternehmen gesteuert wird, sondern Branchenzugehörigkeit, Arbeitsmarktlage sowie journalistisches Interesse ebenso starken Einfluss auf die Positionierung des Unternehmens ausüben wie Interessierte, Bewerber und Mitarbeiter. Die „Einweg-Kommunikation" der Unternehmen in Richtung Kandidaten bzw. Mitarbeiter weicht in Zeiten von Web 2.0 einer Viele-Wege-Kommunikation, die zwar zu einer vielseitigen Beleuchtung, aber auch zu einer kritischen Reflexion der Arbeitgebermarke führt.

Von der Ein-Weg- zur Viele-Wege-Kommunikation

3.2.3 Unternehmensbeispiel Continental AG: „Der Einfluss der Employer Communication auf die Arbeitgebermarke wird immer stärker" *(Sehnaz Özden)*

Die Continental AG will als einer der weltweit führenden Zulieferer der Automobilindustrie die individuelle Mobilität der Zukunft maßgeblich mitgestalten. Dabei fokussiert sich das Unternehmen auf die vier Megatrends der Automobilindustrie: Umweltschutz, Sicherheit, Information und kostengünstige Autos. Für den Erfolg – in einem der maßgeblichen Industriezweige weltweit – ist Continental natürlich auf erstklassiges Personal angewiesen, denn: Qualifizierte und motivierte Menschen machen den Unterschied! Nur: Wie lassen sich diese Menschen für das eigene Unternehmen gewinnen? Employer Communication kann hierzu einen wichtigen Beitrag leisten.[37]

---

37 Vgl. Özden 2011.

Die Gründe für den Ausbau von Employer Communication

Employer Communication

Die vielfältigen beruflichen Möglichkeiten im Unternehmen aufzuzeigen ist für ein Unternehmen wie Continental nicht immer ganz einfach. Der Hauptgrund: Die Mehrheit der Bevölkerung kennt das Unternehmen nur als Hersteller der Premium-Reifen. Dass Continental aber ein internationaler Technologiekonzern ist, wissen die wenigsten. Als Anbieter von Bremssystemen, Systemen und Komponenten für Antriebe und Fahrwerk, Instrumentierung, Infotainment-Lösungen, Fahrzeugelektronik und technischen Elastomerprodukten verfügt Continental über viele interessante Arbeitsgebiete, über die die verschiedenen Zielgruppen informiert werden müssen. Genau hier lässt sich durch eine effektive Employer Communication viel erreichen.

Operation Teamwork: Die Verbindung von Employer Branding und Corporate Communication

Erfolgsfaktor Interdisziplinarität

Eine erfolgreiche Employer Communication hängt von einer guten Zusammenarbeit zwischen den Bereichen Unternehmenskommunikation und Employer Branding ab. Ein nicht immer ganz einfaches Unterfangen. In vielen Unternehmen folgen beide Abteilungen unterschiedlichen Weltbildern und konzentrieren sich auf Bereiche, die keine Zusammenarbeit erfordern. Hier schlummern versteckte Potenziale. Denn: Von einer Zusammenarbeit würden beide Bereiche profitieren und dadurch ihre Positionen im Unternehmen stärken.

Beschäftigung eines PR-Volontärs

Durch die Installation eines PR-Volontärs im Bereich Employer Branding hat Continental bereits vor einigen Jahren Pionierarbeit geleistet. Die Stelle sollte dabei helfen, eine Schnittstelle zu schaffen, die einen optimalen und effizienten Austausch zwischen beiden Abteilungen garantiert. Dies ist gelungen. Durch die Zusammenarbeit konnte die Zahl von in- und externen Beiträgen deutlich gesteigert werden. Auch die engere Zusammenarbeit bei der Organisation von Veranstaltungen hat sich positiv auf die Außendarstellung der Continental ausgewirkt. Übrigens: Der PR-Volontär wurde nach dem Abschluss seiner Ausbildung fest eingestellt.

3.3 Berücksichtigung der Employer Brand bei der anlassbezogenen Zielgruppenansprache

3.3.1 Attraction *(Astrid Witrahm)*

Ein wichtiger Schritt, um den eigenen Bekanntheitsgrad als attraktiver Arbeitgeber bei den ausgewählten Zielgruppen zu steigern, sind Attraction-Maßnahmen. „Attraction" beinhaltet dabei alle Bestrebungen eines Unternehmens, bei den jeweiligen Zielgruppen (intern und extern) als attraktiver Arbeitgeber auf sich aufmerksam zu machen.[38]

Attraction

Dabei bietet jeder Kommunikationsauftritt eines Unternehmens – vom Printmedium über das Telefonat, Messe- oder Kongressauftritte bis hin zu Events – den Firmen die Möglichkeit, sich bei den Adressaten als attraktives Unternehmen, insbesondere aber auch als attraktiver Arbeitgeber darzustellen. Jede personalbezogene Information reichert die Bilder an, die in den Köpfen der Mitarbeiter, Bewerber und Beobachter vom Unternehmen als Arbeitgeber entstehen.

Fokus auf alle Kommunikationsauftritte des Unternehmens

Auf dem Arbeitsmarkt der Zukunft wird ein Unternehmen jedoch ohne eine strategisch fundiert aufgestellte Arbeitgebermarke nicht mehr wettbewerbsfähig sein. Immer schnellere Veränderungen der Kommunikationsgewohnheiten zukünftiger Absolventengenerationen beschleunigen das Arbeitsmarktgeschehen. Die zunehmende Informationsflut einerseits führt zu sinkender Transparenz auf der anderen Seite. Durch eine klare Arbeitgebermarke und eine konsequente Arbeitgebermarkenführung soll eine deutliche Positionierung als Arbeitgeber geschaffen werden.

Das Employer Branding beinhaltet in der Phase „Attraction" alle Maßnahmen, die potenzielle Bewerber und Mitarbeiter auf das Unternehmen aufmerksam machen und als attraktiven Arbeitgeber in Erscheinung treten lassen. Es bildet die strategische Klammer um alle Attraction-Maßnahmen im Kontext des gesamten Auftritts eines Unternehmens als Arbeitgeber.

Markenkonforme Maßnahmen in der Attraction-Phase

Ziel aller Attraction-Maßnahmen sollte es sein, frühzeitig eine emotionale Bindung der jeweiligen Zielgruppen an das eigene Un-

---

38 Vgl. Kapitel 1.2.

ternehmen aufzubauen, um später bei der endgültigen Arbeitgeberwahl der Kandidaten zu den attraktivsten Unternehmen zu zählen. Erkenntnissen der Konsumforschung zufolge gehen emotionale Eindrücke in einem großen zeitlichen Abstand den kognitiven Eindrücken zum Entscheidungszeitpunkt voraus.[39] Demnach werden erst zum Schluss faktische Argumente wie Gehalt etc. in die Waagschale geworfen. Unternehmen, denen es gelingt, ihre präferierten Zielgruppen im Vorfeld emotional zu erreichen, haben weitaus bessere Chancen, zum Wunscharbeitgeber (Employer of Choice) zu werden.

3.3.2 Unternehmensbeispiel: Karriere 2.0 – ein innovatives Beispiel aus der Haniel-Gruppe *(Astrid Witrahm)*

Als diversifizierte Unternehmensgruppe im B2B-Bereich ist Haniel mit 58.000 Mitarbeitern in über 30 Ländern weltweit aktiv. Die Duisburger Haniel-Holding gestaltet das Portfolio und übernimmt die strategische und finanzielle Führung der Gruppe. Zudem bestimmt sie die Leitlinien für die übergreifende Personalarbeit. Für das operative Geschäft sind fünf Geschäftsbereiche verantwortlich: CWS-boco (Waschraumhygiene/textile Dienstleistungen), ELG (Rohstoffhandel für die Edelstahlindustrie), TAKKT (Spezialversandhandel für Geschäftsausstattung), Celesio (Dienstleistungen in den Pharma- und Gesundheitsmärkten) und die METRO Group (Groß- und Einzelhandel).

Der im B2B-Bereich üblicherweise fehlende direkte Bezug der Absolventengenerationen zu den Produkten und Dienstleistungen macht in diesem Unternehmenssegment Attraction-Maßnahmen im Rahmen des Employer Branding besonders wertvoll.

Ein Beispiel dafür, welche innovativen Wege ein Unternehmen gehen kann, um sich bei potenziellen Zielgruppen bereits im Vorfeld attraktiv zu positionieren und mit diesen in den Dialog zu treten, zeigt das nachfolgend beschriebene Vorgehen in der Haniel-Gruppe.

---

39   Vgl. Simon 1995.

Aufgrund vielfach veränderter gesellschaftspolitischer Rahmenbedingungen und völlig geändertem Informations-[40] und Auswahlverhalten potenzieller Zielgruppen haben sich die Determinanten für Recruiting-Aufgaben in der jüngsten Zeit stark gewandelt.

Diese Tatsache hat die Haniel-Gruppe zum Anlass genommen, das Projekt „Recruiting 2.0" aufzulegen. Hauptbestandteil dieses Projektes war der Innovationsworkshop „Karriere 2.0". Bei dieser eintägigen Veranstaltung sollte die Erwartungshaltung der sogenannten „Generation Y" (oder „Gen Y", Geburtsjahrgänge ab 1980) an den Arbeitgeber der Zukunft eruiert werden. Man wollte die Kandidatengeneration von morgen hinsichtlich ihrer Bedürfnisse, Vorstellungen und Wünsche an zukünftige Arbeitgeber verstehen lernen und Zukunftstrends im Recruiting identifizieren:

Zielgruppenworkshop Generation Y

- Wie sehen der Bewerbungsprozess und der Arbeitgeber der Zukunft aus?
- Wie spricht man den Arbeitnehmer von morgen an, damit er sich bei einem Unternehmen bewirbt?
- Welche Informationskanäle sind für das Recruiting von morgen von Bedeutung?

Das waren die Hauptfragestellungen, die durch den Workshop beantwortet werden sollten. Dazu wurden ca. 60 Teilnehmer aus der Generation Y eingeladen. Der Teilnehmerkreis bestand aus Schülern der gymnasialen Oberstufe, Studenten verschiedener Fakultäten aus dem Student-Development-Programm der Haniel-Gruppe sowie Young Professionals aus dem Kreis der Trainees. Über diesen eingeladenen Teilnehmerkreis hinaus festigen Multiplikatoren-Effekte im persönlichen sozialen Umfeld der Teilnehmer den Wirkungsgrad dieser Attraction-Maßnahme.

Zusätzlich zu den Repräsentanten der Generation Y nahmen ca. 25 HR-Verantwortliche aller Geschäftsbereiche und Vertriebsmarken von Haniel und der METRO Group sowie Vertreter des Bereiches

---

40 Von den 14–19-Jährigen in Deutschland nutzen inzwischen 100 Prozent gelegentlich Onlinemedien, während dies nur bei einem guten Drittel der Altersgruppe 60 und älter der Fall ist (Quelle: ARD/ZDF-Onlinestudie 1998–2011, unter: http://www.ard-zdf-onlinestudie.de – Stand: 24.08.2011).

Unternehmenskommunikation an der Veranstaltung teil. Moderiert und begleitet wurde der Workshop von einem externen Partner. Daneben gab es Impulsreferate von Vorreitern im Recruiting sowie aus der Zukunftsforschung. Bei locker-legerem Dresscode (no suits, no ties) waren alle Teilnehmer „gleich". Es wurde kein Unterschied aufgrund von Position, Alter oder Ausbildungsstand gemacht. Eine weitere „Spielregel" lautete, zunächst keinen Beitrag als „richtig" oder „falsch" einzustufen, um – so die Moderatoren – der Kreativität freien Lauf zu lassen.

Ablauf der Workshops Nach einer gemeinsamen Einführung wurden die Teilnehmer den parallel laufenden Workshops der Generation Y und den HR-Vertretern zugeteilt. Unter Anwendung diverser Kreativitätstechniken hatten die Vertreter der Generation Y, vorübergehend getrennt von den HR-Vertretern, Gelegenheit, ihre Erwartungen an den Arbeitgeber der Zukunft und das gesamte damit verbundene Bewerbungsprozedere zu dokumentieren. Das Ergebnis konnte sich sehen lassen: ein mit insgesamt 40 (DIN-)A0-Blättern voller Ideen gefüllter „Think Tank". Auch im Zeitalter des Internets wurde dabei dem persönlichen Kontakt durchweg ein hoher Stellenwert zugeschrieben.

In dem parallel dazu stattfindenden Workshop wurden die Unternehmensvertreter für die Themenfelder „Social Media" sowie „Generation Y" und deren Auswirkungen auf das Recruiting sensibilisiert. Innovationspioniere und Experten aus dem Bereich des Recruitings präsentierten den HR-Verantwortlichen neueste Trends und Möglichkeiten. Ziel war es, bei den HR-Vertretern Verständnis für das veränderte Such- und Informationsverhalten der Generation Y bei der Wahl des zukünftigen Arbeitgebers sowie für die Notwendigkeit von Social-Media-Instrumenten im Recruiting zu schaffen. Anschließend hatten die Unternehmensvertreter Gelegenheit, über Verbesserungspotenziale in der bestehenden Personalrekrutierung zu diskutieren und Ideenansätze für zukünftige Fragestellungen im Recruiting zu generieren. Mögliche Fragestellungen waren zum Beispiel:

- Wie könnten Recruiting-Maßnahmen in fünf bis zehn Jahren aussehen?
- Welchen konkreten Nutzen sehen die Teilnehmer in den Erkenntnissen, die sie während des HR-Workshops erlangen konnten?

Im Anschluss an die beiden parallelen Workshops präsentierten die Teilnehmer am Nachmittag der gesamten Gruppe die erarbeiteten Resultate. Diese wurden im Hinblick auf die Zielkriterien Aufmerksamkeit, Identifikation, Ansprache, Überzeugung und Bindung sowohl durch die Vertreter der Generation Y als auch durch die Unternehmensvertreter bewertet. Einige Beispiele für die generierten Ideen sind in der nachfolgenden Tabelle zusammengefasst:

Ideen aus dem Workshop „Karriere 2.0"					Abbildung 18
Maßnahmen zu den Zielkriterien:					
Aufmerksamkeit	Identifikation	Ansprache	Überzeugung	Bindung	
Firmenbarcode (Barcode an Werbeträger zur Abfrage von Unternehmensinformationen)	Global vernetztes Karriereportal (Durch globale Vernetzung sollen Unternehmen passende Kandidaten über Karriere-Websites direkt erkennen und ansprechen können.)	Job-Party mit Unternehmensvertretern als Party-Personal zwecks Kennenlernen in ungezwungener Atmosphäre	Date deinen potenziellen Kollegen (Fragestellungen von Bewerbern via Webcam an potenzielle Kollegen)	Karriere-Bar (regelmäßig geöffnetes Lokal zum Austausch zwischen Kandidaten und Unternehmensvertretern)	
Digitale Company-Map (digitale interaktive Unternehmenslandkarte mit Stellenangeboten)	Ask-my-Friend-Program (Reference via Facebook)	Paket der Herausforderungen als Aufgabenpaket für Kandidaten	Be Part (virtuelles Erleben der Arbeitswelt und der Aufgaben)		
Job-Scan (geografische Jobsuche mit mobilem Endgerät)	Joint-High-Potential-Portal zwischen mehreren Unternehmen		Sprechende Stellenanzeige als Videosequenz		
	Live-Resümee der Bewerber auf Online-Plattform		Speed Dating (mehrere Rekrutierer interviewen x Bewerber in x Minuten)		

Im weiteren Verlauf des Projektes „Recruiting 2.0" wurden die generierten Vorschläge in einem firmeninternen Konsolidierungsworkshop priorisiert. Betrachtet wurden dabei die Kriterien Aufwand, Nutzen, (zeitliche) Umsetzung, Innovationsgrad und Einzigartigkeit (siehe dazu Abbildung 19).

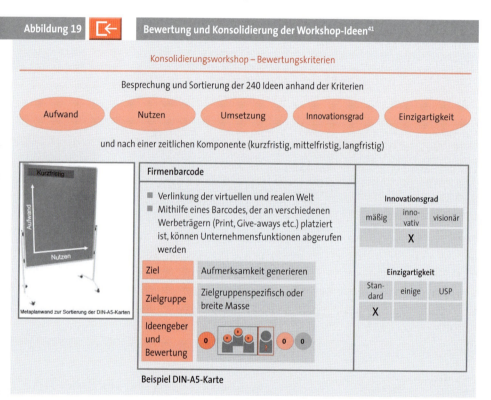

Abbildung 19: Bewertung und Konsolidierung der Workshop-Ideen[41]

Ergebnis: Roadmap Das Ergebnis war eine Roadmap entlang des Bewerbungszyklus Attraction, Sourcing und Selection. Hierin wurden die aus den Ideen generierten zielgruppenspezifischen Rekrutierungskonzepte unter besonderer Berücksichtigung der Neuen Medien und zeitlicher Komponenten festgeschrieben. Für den Bereich „Attraction" lag die Erwartungshaltung der Generation Y schwerpunktmäßig in einer

---

41 Quelle: Haniel-Gruppe, Management Development.

personalisierten und ehrlichen Ansprache in Verbindung mit einer webbasierten Echtzeit-Interaktion. Von weichgespülten Personalmarketing-Aussagen ließ sich die Zielgruppe weniger beeindrucken, stattdessen wurden glaubwürdige Aussagen von Mitarbeitern gefordert. Dieser Anforderung trug man bei Haniel Rechnung durch weitere Testimonialvideos zum Student-Development-Programm und zum Traineeprogramm „JOIN!". Zudem geben genaue Abteilungsbeschreibungen Einblicke in die Tätigkeiten der Holding. Emotionalität und Interaktivität sind bei Neuentwicklungen prägend: Seit Kurzem können potenzielle Bewerber überprüfen, wie gut die eigenen Wertmaßstäbe mit denen von Haniel übereinstimmen. Oder sie verfolgen zukünftig den Traineeblog mittels RSS Feeds. Weitere Präsenzverstärkungen in Social Networks sind ebenfalls vorgesehen.

Das oben beschriebene Beispiel zeigt, wie unternehmensspezifische Rekrutierungskonzepte mit einem speziellen Fokus (hier: Neue Medien) im Dialog mit der ausgewählten Zielgruppe entwickelt werden können. Gleichzeitig hat man sich durch diese Veranstaltung, die als voller Erfolg bewertet werden konnte, bei einer bestimmten Zielgruppe bereits im Vorfeld als attraktiver Arbeitgeber dargestellt und die unternehmenseigene Employer Brand positioniert. Aufgrund des großen Erfolges der Veranstaltung und der angestrebten Kontinuität bei der Durchführung von Attraction-Maßnahmen im Rahmen des Employer Branding hat die Haniel-Gruppe einen zweiten „Innovation Day" zum Thema „Traineeprogramme" durchgeführt.

3.3.3 Recruiting[42] *(Astrid Witrahm)*

Aufgabe des Recruitings ist die Deckung des zuvor definierten unternehmerischen qualitativen und quantitativen Personalbedarfs. Um potenzielle Mitarbeiter erfolgreich zu werben, müssen Unternehmen alle Recruiting-Maßnahmen an ihrer Arbeitgebermarke (Employer Brand) ausrichten und durch konsequentes Employer Branding bei allen Gelegenheiten ein einheitliches Bild als Arbeitgeber zeichnen.

Aufgaben und Inhalte des Recruitings

---

42   Der Aufbau dieses Kapitels erfolgt in Anlehnung an das Kapitel 2.3 Externes Personalmarketing und aktives Interesse externer Zielgruppen, DGFP e. V. 2006, S. 30–31.

Recruiting umfasst somit die zielgruppenspezifische und maßnahmenbezogene Umsetzung der Employer Brand. Durch Einsatz ausgewählter Kommunikationsinstrumente und Informationen über HR-Tools, wie z. B. Auswahlverfahren, Personalentwicklungsmöglichkeiten oder Altersversorgung, sollen Bewerber zur Mitarbeit im Unternehmen motiviert werden. Im Rahmen des Recruitings wird die Attraktivität des Unternehmens als Arbeitgeber für externe Zielgruppen erlebbar. Dabei unterscheidet man verschiedene Phasen der Kontaktintensität:
1. Kontaktanbahnung
2. Kontaktaufnahme
3. Kontaktverdichtung
4. Kontaktpflege

Kontaktanbahnung

Maßnahmen der Anbahnung

Der Recruiting-Prozess beginnt mit der Phase der Kontaktanbahnung, in der das Unternehmen versucht, sich für Zielgruppen, mit denen zuvor kein oder nur wenig Kontakt bestand, interessant zu machen. Das Unternehmen wird für die Zielgruppe präsent, ohne dass es zu einem Kontakt zwischen potenziellen Bewerbern und Unternehmensvertretern kommt. Im aktuellen Medienzeitalter kommt dem Internetauftritt eines Unternehmens respektive der Karrierewebsite für die erste Phase der Kontaktanbahnung sicherlich die bedeutsamste Rolle zu. Das Internet ist die präferierte Informationsquelle zukünftiger Absolventengenerationen. Durch professionelles Employer Branding haben Unternehmen hier die Möglichkeit, in einer gelungenen Darstellung ein erstes Bild von sich als Arbeitgeber bei der Zielgruppe zu generieren. Im Idealfall sollten auf der Karrierewebsite die unternehmensspezifischen Alleinstellungsmerkmale als Arbeitgeber in eine für die jeweilige Zielgruppe ansprechende Text- und Bildform gebracht und so die unternehmensspezifische Employer Brand kommuniziert werden. Eingesetzte Testimonialvideos und Abteilungsbeschreibungen steigern die Authentizität und Verbindlichkeit des Auftritts. Wichtig ist jedoch eine absolut realistische Darstellung des Unternehmens und der Karrieremöglichkeiten anstelle von austauschbaren Phrasen. Ein im Rahmen des Employer Branding speziell für die Alleinstellungsmerkmale eines Unternehmens entwickelter und im Internet positionierter Claim bietet die Chance für vertiefende Wiedererkennungseffekte, zum Beispiel in Printmedien.

Kontaktaufnahme
Die idealtypisch auf die Kontaktanbahnung folgende zweite Phase der Kontaktaufnahme als erstes persönliches Kennenlernen zwischen potenziellem Bewerber und Unternehmensvertretern stellt die bedeutsamste Phase im gesamten Kontaktbildungsprozess dar. An dieser Stelle treffen die in den Köpfen der potenziellen Bewerber durch einheitliches Employer Branding generierten (Bild-) Vorstellungen über den möglichen Arbeitgeber erstmals auf die Unternehmensrealität, repräsentiert durch die jeweiligen Unternehmensvertreter. Schwerpunktmäßig lassen sich die Möglichkeiten, mit potenziellen Bewerbern persönlich in Kontakt zu treten, in drei Kategorien darstellen:

Maßnahmen der Kontaktaufnahme

a) Recruiting-Events
b) Campusaktivitäten
c) Workshops

Unter *Recruiting-Events* sollen an dieser Stelle große Veranstaltungen wie der Absolventenkongress, CampusChances, Bonding-Messen, aber auch Fachmessen wie die CeBit oder die Hannover Messe subsumiert werden. Sie bieten eine breite Plattform für Recruiting-Aktivitäten und die Platzierung der unternehmenseigenen Employer Brand und zeichnen sich dadurch aus, dass Unternehmen eine hohe Kontaktanzahl bei einem relativ unselektierten Teilnehmerkreis herstellen können. Aufgrund der Vielzahl der Gespräche bleiben die Kontakte jedoch häufig sehr oberflächlich. Durchgeführt werden sollten solche Veranstaltungen von professionellen HR-Teams. Fach- und Führungskräfte aus den vakanzbehafteten Abteilungen sowie Berufsanfänger aus dem Unternehmen stellen eine Bereicherung des Standpersonals dar. Spezielle Messetrainings können hier die Vorbereitung des gesamten Messeteams unterstützen. Eine emotional ansprechende Messestandgestaltung sowie entsprechende Handouts und Give-aways unterstreichen den Auftritt hinsichtlich seiner Authentizität und Verbindlichkeit. Bei der Vorbereitung solcher Events empfiehlt sich eine Zusammenarbeit zwischen HR-Team und Unternehmenskommunikation, um einen „Fit" zwischen Corporate Brand und Employer Brand bei sämtlichen Kommunikationsmaterialien und -wegen sicherzustellen.

Campusaktivitäten, wie zum Beispiel Hochschulmessen oder Campus-Roadshows an einzelnen Hochschulen, zeichnen sich im Vergleich zu großen Recruiting-Events aufgrund der Vorauswahl der Hochschule(n) und gegebenenfalls der Fakultät von Unternehmensseite durch einen höheren Selektionsgrad der Teilnehmer aus. Hingewiesen werden soll an dieser Stelle auf das sogenannte „Zielhochschulenkonzept". Hierbei werden vom Unternehmen im Rahmen eines konsequenten Employer Branding zu einer überschaubaren Anzahl ausgewählter Hochschulen und Lehrstühle dauerhafte und intensive Beziehungen gepflegt. Über die reinen Hochschulmessen hinaus können aus den dabei generierten Erstkontakten zum Beispiel Praktika und Diplomarbeiten vergeben werden. Dadurch wird eine Kontaktverdichtung und vertiefende Positionierung der unternehmenseigenen Employer Brand bei interessanten Bewerbern und in wissenschaftlichen Kreisen möglich. Gleichzeitig unterstützt das Zielhochschulenkonzept den Transfer zwischen Wissenschaft und Praxis und eine praxisnähere Hochschulausbildung.

Workshops hingegen sind gekennzeichnet durch einen zahlenmäßig stark limitierten, vorselektierten Teilnehmerkreis, der in der Regel auf eine Einladung des jeweiligen Unternehmens oder des Veranstalters (wie zum Beispiel access) hin an dem Workshop teilnimmt. Der Kontakt zum Kandidaten ist im Vergleich zu den beiden oben genannten Alternativen deutlich intensiver, oft stehen verschiedene Unternehmensvertreter aus unterschiedlichen Funktionsbereichen als Gesprächspartner für die Teilnehmer zur Verfügung. Im Rahmen eines oft mehrtägigen Workshops werden die eingeladenen Teilnehmer mittels Rollenspielen und Fallstudien mit beruflichen Situationen konfrontiert. Häufig hat diese Art von Veranstaltung eine Auswahlfunktion, und eine gewisse Anzahl der Teilnehmer wird in eine Berufseinstiegsposition oder zuvor in ein Stipendienprogramm übernommen.

Der aus den genannten Veranstaltungskategorien generierte Mehrwert im Vergleich zu virtuellen Kommunikationswegen ist insbesondere die Chance zum persönlichen Kontakt. „Solche Veranstaltungen sind eine der wenigen Gelegenheiten, potenzielle Bewerber außerhalb von Praktika persönlich kennenzulernen, eine Option, die durch die stark zunehmende Anzahl von Bachelor-Studiengängen mit wenig Zeit für studienbegleitende Praktika an Bedeutung gewinnen wird".[43] Da sich die Qualität der einzelnen Veranstaltungen sehr unterschiedlich darstellt, ist eine professionelle, unternehmensinterne Evaluierung unerlässlich. Eine entsprechende Dokumentation, zum Beispiel mittels Kontaktbögen während der Veranstaltungen, ist dafür unabdingbare Voraussetzung. Als Maßstäbe für die Qualität insbesondere von Messen und Campusaktivitäten lassen sich der Marketingwert und der Selektionswert der Veranstaltungen heranziehen. Ersterer gibt Auskunft über die Anzahl der Kontakte, letzterer bemisst die Qualität der Kontakte.

Kontaktverdichtung
Nachdem der Kontakt hergestellt ist, folgt in der dritten Phase die Festigung des Kontakts. Hier ist das Ziel, sich gegenseitig besser kennenzulernen und einen Pool potenzieller Kandidaten zur Besetzung vakanter Stellen zu schaffen. Gemeinsame Projekte oder geringfügige Beschäftigungsverhältnisse scheinen hierfür sinnvolle Instrumente zu sein. Insbesondere Praktikantenprogramme sind eine gängige Möglichkeit, die Verdichtung des Kontaktes zu ausgewählten Kandidaten zu erreichen. Sie ermöglichen die frühzeitige Identifikation von High Potentials. Während des Praktikums gewinnen Führungskräfte einen guten Einblick in die Leistungs- und Teamfähigkeit der jeweiligen Kandidaten.

Maßnahmen der Kontaktverdichtung

Die Voraussetzungen für ein gelungenes Praktikum schafft ein systematisches Praktikantenprogramm, wovon sowohl das Unternehmen als auch der Praktikant profitieren. Wichtige Elemente hierbei sind eine exakte Planung, idealerweise ein eigenständiges Projekt und eine abschließende standardisierte Beurteilung des

---

43   Vgl. Teetz 2008.

Praktikanten. Letztere geht in die unternehmensinterne Dokumentation für einen Pool von talentierten Kandidaten zur Besetzung zukünftiger Vakanzen ein. Ein Praktikantenbetreuungsprogramm kann den Praktikanten die soziale Integration in das Unternehmen erleichtern.

Kontaktpflege

Maßnahmen der Kontaktpflege

Nach der Kontaktverdichtung folgt die Phase der Kontaktpflege, die zu einer intensiven Bindung von ausgewählten, potenziellen Bewerbern an das Unternehmen führen soll. Ein klassisches Beispiel dafür ist die Aufnahme in ein Stipendienprogramm. Nach erfolgter Auswahl durch einen Workshop oder im Nachgang zu einem Praktikum erwartet die Stipendiaten für den weiteren Verlauf ihres Studiums eine umfangreiche Unterstützung durch das Unternehmen, wie zum Beispiel das Sponsoring von Fachzeitschriften oder die Einladung zu Firmenveranstaltungen und firmeninternen Seminaren. Dadurch wird die Kontaktintensität zwischen Stipendiaten und Unternehmen weiter gepflegt und die Bindung zur unternehmenseigenen Employer Brand weiter gefestigt. Vertiefende Praktika, zum Teil auch im Ausland, sowie Unterstützung bei Diplomarbeitsprojekten runden die Inhalte von Stipendienprogrammen ab. Stipendienprogramme sind in großen Unternehmen weit verbreitet und bieten die unterschiedlichsten Fördermöglichkeiten für die begehrten Talente. Ziel der Unternehmen ist es dabei, für Vakanzen auf einen Pool von hochqualifizierten Bewerbern zurückgreifen zu können.

Zusammenfassend lässt sich festhalten, dass die Kontaktintensität eines Bewerbers zum Unternehmen je nach eingesetztem Recruiting-Instrument stark differiert. Mit zunehmender Kontaktintensität steigt jedoch auch der Bezug eines Bewerbers zur unternehmenseigenen Employer Brand, wie die nachfolgende Abbildung zeigt:

| Exemplarische Recruiting-Instrumente |  |

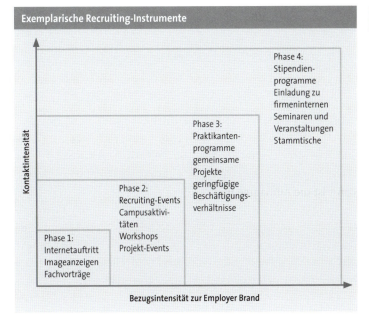

Je nach aktueller Situation des Unternehmens wird man sich für eine entsprechende Kombination der dargestellten Recruiting-Instrumente entscheiden. Dabei muss jedoch immer deutlich sein, dass die Teilnahme an sämtlichen Recruiting-Aktivitäten nicht ausschließlich von dem aktuellen Personalbedarf determiniert werden darf, sondern dass immer eine langfristige Festigung der Employer Brand bei den ausgewählten Zielgruppen erreicht werden muss.

Situationsspezifischer Mix der Recruiting-Instrumente

3.3.4 Retention und Employer Branding *(Sascha Armutat)*

Das Employer Branding beeinflusst in hohem Maße die Identifikation der Mitarbeiter mit dem Unternehmen, ihre Bereitschaft, sich für das Unternehmen einzusetzen und ihre Arbeitskraft und Kreativität dauerhaft dem Unternehmen zur Verfügung zu stellen. Darum kommt kein Konzept der Mitarbeiterbindung an das Unternehmen – also kein Retentionkonzept – ohne die Einbeziehung der Arbeitgebermarke aus. Auch umgekehrt gilt: Eine Arbeitgebermarke kann ohne die Berücksichtigung der Bedingungen, Prozesse und Instrumente der Mitarbeiterbindung nicht authentisch gebildet und „gelebt" werden.[44]

Retentionmanagement und Commitment

Retentionmanagement beschäftigt sich mit der Gestaltung der Bedingungen, die zu Retention führen. Basis dafür ist das Commitment der Mitarbeiter:

Commitment – übersetzt: Verpflichtung, Verbindlichkeit, Hingabe, psychologischer Vertrag – beschreibt die Einstellung einer Person zu einem Bezugsobjekt, die durch innere Bedingungen (unter anderem Motive, Einstellungen, Persönlichkeitseigenschaften) und externe Gegebenheiten (wie Umfeld, Anspruchsgruppen, Situation) beeinflusst wird.[45]

Der psychologische Vertrag, der Mitarbeiter an das Unternehmen bindet, kann unterschiedlich zustande kommen. Er wird in jedem Fall beeinflusst durch die Werte, die das Unternehmen prägen und von denen der Mitarbeiter geprägt wird. Diese Werte sind eine wichtige Basis für die Bildung der Arbeitgebermarke:

- Das *kalkulative Commitment* ist das Ergebnis einer Kosten-Nutzen-Betrachtung des Mitarbeiters. Der psychologische Vertrag beruht hier vor allem auf der Feststellung, dass das Verlassen des Unternehmens mehr materielle und immaterielle Risiken birgt, als sich Chancen durch den Verbleib im Unternehmen bieten.[46]
- Das *normative Commitment* ist das Ergebnis eines moralischen Gefühls des Mitarbeiters. Der psychologische Vertrag beruht hier auf der empfundenen Verpflichtung gegenüber dem Unternehmen, teils begründet durch individuelle Wertvorstellungen, teils auch durch den Wunsch, einer Vorleistung des Unternehmens (zum Beispiel Beförderung) zu entsprechen.
- Das *affektive Commitment* ist das Ergebnis der Beschäftigung des Mitarbeiters mit dem Unternehmen (Involvement, siehe Kapitel 3.2.1) und hängt eng mit der strukturellen Einbindung des Mitarbeiters zusammen. Der psychologische Vertrag beruht hier auf der subjektiv empfundenen, positiven und emotionalen inneren Zuwendung zum Unternehmen, die oft mit der Identifi-

---

44   Vgl. DGFP 2004 b.
45   Vgl. Gauger 2000.
46   Zum Folgenden vgl. Meyer, Allen 1997.

kation mit den Werten, Normen und Zielen des Unternehmens einhergeht.

Studien zeigen, dass sich insbesondere das affektive Commitment positiv auf die Leistung und das Engagement der Mitarbeiter auswirkt. Mitarbeiter mit affektivem Commitment

Vorteile affektiven Commitments

- verlassen das Unternehmen seltener,
- haben weniger Fehlzeiten,
- zeigen bessere Leistungen am Arbeitsplatz und bei Aktivitäten außerhalb des Unternehmens *(intra-* und *extra-role performance)* und
- sind in der Regel gesünder.

Das Employer Branding spannt einen Werterahmen auf, der das Arbeiten im Unternehmen prägt. Sind Markenbild und tatsächliche Arbeit im Unternehmen identisch und entsprechen sie den Erwartungen und den Werten des Mitarbeiters, dann sind die Voraussetzungen dafür, dass die Mitarbeiter ein affektives Commitment ausbilden, ausgesprochen günstig.

Employer Brand als Werterahmen für Bindungsprozesse

Im Sinne einer Förderung des affektiven Commitments muss

- das Personalmarketing bei der Ansprache potenzieller neuer Mitarbeiter die Werte herausstellen, die die Arbeitgebermarke prägen. Das führt bei den Angesprochenen dazu, dass sie ein Gespür dafür entwickeln, ob sie zum Unternehmen passen. Diese dadurch angeregte Selbstselektion wirkt sich positiv auf die Ausbildung von affektivem Commitment aus;
- die Personalauswahl inhaltlich die Werte der Arbeitgebermarke zu Auswahlkriterien machen und formal den Ablauf des Auswahlverfahrens nach Kriterien des Employer Branding gestalten;
- die Personalentwicklung bei den Maßnahmen der Förderung, Weiterbildung und Organisationsentwicklung die Entwicklung des Mitarbeitercommitments im Blick haben;
- die Führung sich in ihren interaktiven und strukturellen Maßnahmen an den Zusammenhängen der Ausbildung eines affektiven Commitments orientieren;

- eine Ausrichtung der Anreizsysteme und der Arbeitsgestaltung an den in der Employer Brand transportierten Werten erfolgen.

Bindungsfaktoren: Wertschätzung und Transparenz

Damit sich Mitarbeiter mit dem Unternehmen emotional verbunden fühlen, müssen die verschiedenen Personalmaßnahmen einerseits individuelle Wertschätzung vermitteln: Mitarbeiter erwarten, dass ihre Leistungen anerkannt und ihre persönlichen Interessen berücksichtigt werden. Sie rechnen andererseits auch damit, dass die Steuerungsmaßnahmen des Unternehmens für sie berechenbar und die zugrunde liegenden Verfahren transparent und gerecht sind.

Wertschätzung und Fairness sind neben der Berücksichtigung der Employer Brand zentrale Anforderungen an retentionwirksame Personalmanagementmaßnahmen; die Vertreter der Unternehmensführung, vor allem die institutionellen Personalmanager, müssen sie bei der Konzeption, Durchführung und unternehmensinternen Kommunikation jeder Personalmaßnahme berücksichtigen.

Der Kommunikation kommt dabei eine besondere Bedeutung zu: Die Retentionwirksamkeit entsteht erst dann, wenn die Mitarbeiter die mit den Maßnahmen transportierten Werte und die mit ihnen verbundene Wertschätzung und Fairness auch *wahrnehmen*. Ohne die Planung der Wahrnehmbarkeit trägt auch die ausgefeilteste Personalmanagementmaßnahme nicht dazu bei, die richtigen Mitarbeiter zum Bleiben, zu einer guten Leistung und zur Loyalität zu bewegen.

3.4 Ansatzpunkte für die Umsetzung des Employer Branding in den Bereichen Produktmarketing und Unternehmenskommunikation: Unternehmenskommunikation gestalten

(Sehnaz Özden)

Personalmarketing richtet sich nicht nur an externe Zielgruppen wie Studierende, Young Professionals oder Professionals. Auch die eigenen Mitarbeiter sollten über laufende Projekte und Erfolge aus dem Employer Branding informiert werden. Dies führt zu einer Verbesserung der eigenen Identifikation mit dem Arbeitgeber – ein Faktor, der gerade durch den sich stetig ausweitenden „War for Talents" immer wichtiger wird.

In diesem Zusammenhang ist auch an die Außenwirkung zu denken, die Äußerungen von Mitarbeitern entfalten können. Vor dem Zeitalter der digitalen Kommunikation ging es „lediglich" um Aussagen im unmittelbaren, privaten Umfeld. Facebook, Twitter und Co. haben die Reichweite von Äußerungen der Mitarbeiter massiv erhöht. Gerade dadurch tragen die Meinungen von Mitarbeitern ebenso zum Unternehmenserscheinungsbild in der Öffentlichkeit bei wie Personalimage-Anzeigen, öffentliche Veranstaltungen oder Berichte über das Unternehmen in den Medien. Da sie im öffentlichen Raum eine Funktion als „Aushängeschild" haben können, sollten Mitarbeiter stets gut informiert werden, um hoch motiviert und selbstbewusst aufzutreten.

Allerdings ist der Einfluss einer „Employer Communication" begrenzt. Denn Voraussetzung für eine erfolgreiche Employer Communication ist eine gute Unternehmenspraxis mit beispielsweise guten „Work Life Balance"-Angeboten und hervorragenden Entwicklungsmöglichkeiten.[47]

3.4.1 Ausgewählte Medien der internen Employer-Kommunikation bei Continental

Gerade in großen Konzernen erzielt die gedruckte Mitarbeiterzeitung auch heute noch die größte Reichweite. Mit einer Auflage von knapp 100.000 Exemplaren – gedruckt in über zehn Sprachen – ist die „conti intern" auch im digitalen Zeitalter die wichtigste Informationsquelle der Belegschaft, der Bereich Personalmarketing mittlerweile einer der größten „Lieferanten" für die Redaktion der „conti intern".

Mitarbeiterzeitung und Newsletter

Die „conti intern" erscheint lediglich fünf- bis sechsmal jährlich. Aktuelle Themen können daher nicht immer zeitnah kommuniziert werden. Durch die im Intranet erscheinende „conti intern online" wird die fehlende Aktualität zumindest teilweise aufgefangen.

---

47 Dieser Beitrag ist in ähnlicher Form bereits in dem Band „Personalkommunikation. Interne und externe Öffentlichkeit für HR-Themen gewinnen" (s. Özden 2011, S. 31–41), erschienen. Bei wörtlichen Übernahmen sind die Seitenzahlen in Klammern ergänzt. Wir danken dem Luchterhand-Verlag für die freundliche Genehmigung.

Auch Newsletter sind ein wichtiges Kommunikationsinstrument. Meist werden sie per Mail verschickt und können daher einer großen Mitarbeitergruppe kostengünstig zur Verfügung gestellt werden. Bei Continental ist beispielsweise der „HR Context Newsletter" eine zentrale Informationsquelle für Mitarbeiter aus dem Personalbereich. Er wird weltweit verschickt und ist ein sehr gutes Medium für „Best Practice Sharing".

3.4.2 Kommunikation über verschiedene Kanäle: die externe HR-Kommunikation

Eine erfolgreiche Öffentlichkeitsarbeit ist vor allem von einem guten Verhältnis zu Medienvertretern abhängig. Das ist im Bereich Employer Communication nicht anders als beim eher „harten Thema" Investor Relations. Dabei vermag besonders ein guter persönlicher Kontakt zu Redakteuren relevanter Karrieremedien so manche Tür zu öffnen. Zwar ist dies noch keine Garantie für eine Vielzahl an Berichten über die eigenen Employer-Branding-Aktivitäten. Jedoch führen Faktoren wie Sympathie und Vertrauen selbstverständlich dazu, dass sich Journalisten häufiger an Ansprechpartner des Unternehmens wenden, um ein Statement oder gar einen Namensbeitrag zu einem Thema einzuholen.

Employer Communication geht aber über das Platzieren von Beiträgen in relevanten Medien hinaus. Im Folgenden sollen einige ausgesuchte Kanäle bei Continental kurz vorgestellt werden.

Pressekonferenz zur „Continental-Studentenumfrage"

Studien und Pressekonferenzen

Die seit 2004 jährlich erscheinende „Continental-Studentenumfrage" ermöglicht Einblicke in die Vorstellungswelt von Studierenden und deren Meinungen zu elementaren sozial- und hochschulpolitischen Themen. Sie ist eine exzellente Möglichkeit, um Studentinnen und Studenten auf Continental aufmerksam zu machen und das Unternehmen als das darzustellen, was es ist: ein attraktiver Arbeitgeber im Bereich Automotive!

Im Rahmen der jährlichen Pressekonferenz werden die Ergebnisse parallel von Experten aus Wissenschaft, Wirtschaft und Gesellschaft kommentiert. Das Interesse wächst von Jahr zu Jahr. So wurde die Studie bereits auf Titelseiten überregionaler Tageszeitungen wie „Die Welt" und insbesondere in den „VDI nachrichten" prominent dargestellt.

Seit 2005 wird die Studie alle zwei Jahre auch in Rumänien erarbeitet – als bisher einzige ihrer Art dort; entsprechend hoch ist landesweit in diesem für Continental als Arbeitgeber interessanten und wichtigen Markt die Aufmerksamkeit der Medien. Eine Continental-Studentenumfrage fand im August 2011 erstmals auch in China statt.

Die Pressemitteilung

Pressemitteilungen sind natürlich ein wichtiges Instrument, um die vielfältigen Aktivitäten im Employer Branding öffentlich zu machen. Die Zuständigkeit für einschlägige Pressemitteilungen ist bei der Abteilung „Media Relations" innerhalb der Unternehmenskommunikation angesiedelt, die sich aber bei der Konzeption, dem Erstellen und dem Versand eng mit der Abteilung Employer Branding abstimmt.

Pressemitteilungen – Print und online

Das Ziel einer Pressemitteilung liegt naturgemäß darin, möglichst viele Veröffentlichungen in wichtigen Medien zu erzielen. Zusätzlich eignet sie sich aber hervorragend dazu, das generelle Interesse von Medienvertretern auf die Aktivitäten im Personalmarketing des Unternehmens zu richten.

Selbstverständlich sind die Pressemitteilungen auf den für die Google-Suche optimierten Internetseiten der Unternehmenskommunikation auch für andere Nutzer und Interessierte jenseits der Medien zu finden – dies gilt auch für potenzielle künftige Continental-Mitarbeiter. In diesem Kontext sind die bereits erwähnten „Continental-Studentenumfragen" mit ihren Karrierethemen gezielt platzierte „Leuchtfeuer", um den Weg zu weiteren Informationen des Unternehmens – gerade aus dem Feld Employer Branding – zu weisen.

Die Karrierewebsite

Die Karrierewebsite ist heutzutage das Aushängeschild der Karriereaktivitäten von Unternehmen. Hier haben die verschiedenen

Website mit Mitarbeiterstatements

Zielgruppen die Möglichkeit, sich über die Chancen im Unternehmen zu informieren, um sich im Anschluss daran direkt zu bewerben. Die Website muss daher so aufgebaut sein, dass sich mögliche Bewerber für das Unternehmen begeistern. Zugleich sollte sie auf andere Informationsquellen des Unternehmens verweisen, die wiederum auch mit den Employer-Branding-Seiten verlinkt sein sollten.

Wir haben uns dazu entschlossen, auf der Karrierehomepage unsere Mitarbeiter sprechen zu lassen. Aktuell äußern sich mehr als 100 Mitarbeiterinnen und Mitarbeiter zu wichtigen Themen wie eigene Entwicklungsmöglichkeiten, Work-Life-Balance oder Auslandserfahrungen. So erhalten potenzielle Bewerber aller Zielgruppen einen authentischen Einblick in die Arbeit bei einem der weltweit führenden Zulieferer der Automobilindustrie.

Facebook, Twitter & more: Die Aktivitäten im Bereich Social Media

Nutzung Social Media — Auf das veränderte Kommunikationsverhalten – weg von den klassischen Medien, immer mehr hin zur Kommunikation im Web 2.0 – muss auch das Personalmarketing reagieren. Die Bedeutung von Social Media als Teil der Arbeitgeberkommunikation haben mittlerweile sehr viele Unternehmen erkannt. Auch wir haben unsere Schlüsse gezogen und treten seit Frühjahr 2011 mit einer Karriere-Fanseite auf Facebook mit potenziellen Mitarbeitern in den Dialog. Zudem haben wir einen „Continental YouTube Channel" ins Leben gerufen. Bei XING und Kununu.de sind wir bereits seit einiger Zeit mit einem Profil vertreten. Kurz gesagt: Wir glauben an die Chancen, die Social-Media-Aktivitäten bieten und analysieren die Entwicklung dieses Kommunikationskanals kontinuierlich.

Kommunikation zu Employer-Branding-Events

Sponsoring — Auch Sponsoringaktivitäten sind ein hocheffizientes Instrument, um potenzielle Bewerber direkt anzusprechen, auf die Möglichkeiten bei Continental aufmerksam zu machen und das Image als Top-Arbeitgeber zu stärken. Dies soll im Folgenden am Beispiel der „Formula Student" aufgezeigt werden.

Unterstützung der „Formula Student"
Continental ist besonders an Studierenden technischer Studiengänge interessiert. Um mit dieser Zielgruppe in Kontakt zu treten, ist der internationale Konstruktionswettbewerb „Formula Student" eine erstklassige Möglichkeit.[48] Der Wettbewerb ist hoch spannend – doch es geht nicht allein ums schnellste Auto. Entscheidend ist das Gesamtpaket aus Konstruktion, Rennperformance und Kostenkontrolle. Im Prinzip handelt es sich bei den Teams jeweils um kleine Unternehmen, die sich nicht nur mit den „Kernaufgaben", sondern auch mit Themen wie Sponsorensuche, Marketingmaßnahmen oder Budgetplanung befassen müssen.

Als einer der Hauptsponsoren unterstützt Continental bereits seit einigen Jahren die Veranstaltung „Formula Student Germany" auf dem Hockenheimring. Im fünften Jahr des Wettbewerbs gab es 2010 eine Premiere mit Elektrofahrzeugen. Bei der weltweit ersten „Formula Student Electric" mussten die Teams einen konkurrenzfähigen Rennwagen konstruieren, der mit einem reinen Elektromotor als Antrieb plus Energiespeicher ausgestattet ist.

Continental hat sich mit einem großen – optisch sehr ansprechenden – Reifentruck den Studierenden und den insgesamt rund 6.000 Besuchern auf dem Hockenheimring präsentiert. Denn der Event ist die ideale Plattform, um das Unternehmen der studentischen Zielgruppe als attraktiven Arbeitgeber darzustellen.

Das Engagement beschränkt sich nicht auf die Aktivitäten am Hockenheimring. Vielmehr handelt es sich um ein weltweites, strategisches Engagement des Unternehmens. So werden die von uns unterstützten Teams im Laufe eines Jahres zu verschiedenen Events eingeladen. Auch beim Aufbau internationaler Rennen wirkt Continental als Partner mit.

3.4.3 Fazit
Beim Aufbau einer erfolgreichen Arbeitgebermarke ist ein langer Atem notwendig, denn sowohl dieser Aufbau als auch die Umset-

---

48   Weitere Details zu „Formula Student" sowie zum Internationalisierungsaspekt dieses Events siehe Kapitel 4.2.3.

zung einer Strategie für ein erfolgreiches und effektives Personalmarketing ist eine langfristige Angelegenheit. Ganz entscheidend dabei ist die enge Einbindung in die Kommunikationsstrategie der Unternehmenskommunikation. Ganz klar: Ohne ein weites und gut funktionierendes Netzwerk zu Medienvertretern ist es schwierig, positive Nachrichten in den Medien zu platzieren. Gleichzeitig ist es natürlich wichtig, die richtige Ansprache zu finden und relevante von weniger wichtigen Medien zu trennen.

„Entwicklungsmöglichkeiten, Work-Life-Balance-Angebote oder flexible Arbeitszeitmodelle sind Beispiele für Kommunikationsinhalte, die für potenzielle Mitarbeiterinnen und Mitarbeiter – aber auch für die eigene Belegschaft – von Interesse sind und die beim Aufbau eines positiven Arbeitgeberimages hilfreich sein können. Hinzu kommen gezielt gesetzte Informations-‚Leuchttürme' wie zum Beispiel die ‚Continental-Studentenumfrage'. Darüber hinaus sollten vermeintlich negative Nachrichten weder ignoriert noch relativiert, sondern offen und transparent kommuniziert und kommentiert bzw. eingeordnet werden. Denn es ist unerlässlich, dass nur Aussagen kommuniziert werden, die einer Prüfung standhalten und mit der Realität übereinstimmen: Glaubwürdigkeit und Authentizität sind als Grundlagen für ein erfolgreiches und nachhaltiges Personalmarketing unerlässlich. (40–41)"[49]

---

[49] Vgl. Özden 2010, S. 40 f.

4 Internationalisierung von Arbeitgebermarken

Global agierende Unternehmen müssen neue Wege finden, um sich als Arbeitgeber zu positionieren: Soll es eine einheitliche globale Arbeitgebermarke, lokale Einzelmarken oder eine Mischform geben? Wie auch immer die Entscheidung ausfällt, sie hat Konsequenzen für die Gestaltung des Employer Branding, wie auch das nachfolgende Unternehmensbeispiel zeigt.

4.1 Allgemeine Zusammenhänge *(Alfred Lukasczyk)*

Wenn ein Unternehmen auf internationalen Märkten aktiv wird, führt das zwangsläufig zu einer Änderung des Markenverständnisses. Die monokulturelle Ausrichtung weicht einer Berücksichtigung vielfältiger kultureller Besonderheiten bei der Ausgestaltung der einzelnen Produktmarken und dem Auftreten des Unternehmens.

Die Vielzahl der Konsequenzen, Herausforderungen und landesspezifischen Problemstellungen einer Internationalisierung der Arbeitgebermarke können in diesem Kapitel nicht ausgearbeitet werden. Zentrale Fragen sind, wie stark das Unternehmen als Corporate Brand identifiziert werden will, wie es mit den wichtigsten Dachmarken umgehen möchte und welche Bedeutung die lokalen Besonderheiten, gegebenenfalls sogar die integrierten lokalen Marken, zukünftig haben sollen.

Corporate oder Local Brand

Dabei lassen sich unterschiedliche Strategien der internationalen Markenführung unterscheiden, die auch für die Führung der Arbeitgebermarke gelten:

- Beim globalen Ansatz dominiert das Markenverständnis der Unternehmenszentrale. Lokale emotionale und Verständnisverluste werden bewusst in Kauf genommen.
- Beim lokalen Ansatz überlässt das Unternehmen die Markenbildung den lokalen Einheiten.
- Beim polyzentrischen Ansatz bildet das Unternehmen eine internationale Markenidentität aus.

Wie auch immer – die internationale Employer-Branding-Strategie steht in Zusammenhang mit der Entwicklung der
- Unternehmensstrukturen
- Unternehmenskultur
- strategischen Ziele

Beachtung kultureller Eigenheiten

Soweit entspricht das Führen von Arbeitgebermarken im internationalen Kontext den Grundsätzen zum Führen einer Employer Brand, wie in Kapitel 3.3 beschrieben. Einen besonderen Stellenwert erhalten jedoch dabei die Adaption des Markenkerns sowie die Positionierung der Arbeitgebermarke im Wettbewerb. In beiden Fällen spielen die kulturellen Eigenarten einzelner Zielgruppen eine maßgebliche Rolle. Bisweilen verschieben sich die Präferenzen der Bewerber kulturbedingt gravierend: Das mit einem Arbeitsplatz und der nach außen wahrnehmbaren Karriere einhergehende Prestige hat im asiatischen Raum zweifelsfrei einen wesentlich höheren Stellenwert als in Deutschland. Genauso gibt es unterschiedliche kulturbedingte Verhaltensformen im Wettbewerb (zum Beispiel beim Bindungsverhalten und mehr oder weniger aktivem Abwerben vom Wettbewerber). Solche Beispiele ließen sich beliebig fortführen.

Notwendige Kulturchecks

Bei der Internationalisierung von Arbeitgebermarken ist es ein Muss, im Vorfeld professionelle „Kulturchecks" durchführen zu lassen. Diese helfen, grundlegende Fehler zu vermeiden, die oftmals bei der operativen Umsetzung, sei es bei der Bildsprache oder der Namensgebung für Kampagnen, sichtbar werden.[50]

Auch der in Kapitel 2.3 angesprochenen Betrachtung der Markenarchitektur kommt im internationalen Rahmen eine besondere Bedeutung zu. Denn die Frage der Einbindung in die Architektur kann nicht losgelöst von der Frage der Führungsphilosophie betrachtet werden. Werden globale Marken global oder lokal geführt? Wie sehr klaffen Anspruch und Wirklichkeit an dieser Stelle auseinander?

---

50   Siehe auch International Survey Research 2002: Employee Commitment in Europe: Characteristics, Causes and Consequences, http://www.brainguide.de/data/publications/PDF/pub104869.pdf (Stand: 07.01.2011); http://www.marken lexikon.com/glossar_b.html (Stand: 07.01.2011).

Im Folgenden zeigen drei Fallbeispiele Ansätze zur Internationalisierung von Nachwuchsgewinnungsmaßnahmen.

4.2 Unternehmensbeispiele für die Internationalisierung von Employer-Branding-Maßnahmen *(Sehnaz Özden)*

4.2.1 Fallbeispiel: Internationalisierung des Studentenbindungsprogramms ProMotion

Das Studentenbindungsprogramm der Continental AG ist ein Beispiel für die Umsetzung eines global ausgerichteten Verständnisses der Arbeitgebermarke.

„Studentenbindung als Ladestation für die Nachwuchsgewinnung"
Auch bei Continental kümmern wir uns seit einigen Jahren aktiv und strukturiert darum, sehr gute Studierende langfristig an uns zu binden, um sie nach Abschluss ihres Studiums für die verschiedenen Talentinitiativen oder den Direkteinstieg bei uns zu gewinnen. Zu diesem Zweck wurde ProMotion ins Leben gerufen.

Studentenbindungsprogramm ProMotion bei der Continental AG

Das Programm richtet sich an Studierende, die durch exzellente Leistungen während ihres Praktikums oder ihrer Tätigkeit als Werkstudent aufgefallen sind, noch mindestens ein Semester studieren und – für ein international agierendes Unternehmen essenziell – über sehr gute Englischkenntnisse verfügen.

Zielgruppe Studierende

Soviel zu den Grundvoraussetzungen, die heute ein Großteil aller Studierenden erfüllt und die daher nicht ausreichen, um aus der Vielzahl geeigneter Kandidaten deutschlandweit die maximal 50 Studierenden auszuwählen, die in das Programm aufgenommen werden können. Von den Studierenden, die jährlich allein bei uns in der Abteilung ein Praktikum absolvieren, erfüllen rund 60 Prozent alle Voraussetzungen für eine Aufnahme in ProMotion. Dennoch haben wir uns ganz bewusst dafür entschieden, den Kreis der Mitglieder klein zu halten, um eine bestmögliche Betreuung der ProMotion-Mitglieder zu gewährleisten.

Es ist daher nicht einfach, die besten Studierenden zu identifizieren und in ProMotion zu fördern. Folgendermaßen gehen wir vor: Grundlage für die Einstufung ist die Beurteilung am Ende des Praktikums bzw. der Tätigkeit als Werkstudent durch die Fachabteilung. Nach einem ersten, positiv verlaufenen Telefoninterview mit der lokalen Personalabteilung werden die Kandidaten zu einem Gespräch mit unserer Abteilung, Corporate Employer Branding & Recruiting, eingeladen. Je nach Verlauf dieses Gesprächs werden die Studierenden in das deutschlandweite Programm aufgenommen. Übrigens: Studierende können sich nicht um einen Platz bewerben, sondern müssen von den Fachabteilungen nominiert werden.

Umgang mit den „Verlierern" im Auswahlprozess für das Programm

Aber was ist mit dem Rest der teilweise ausgezeichneten Studentinnen und Studenten? Eben solche, die es nicht in das deutschlandweite Programm schaffen, können in ein lokales, etwas „abgespecktes" Programm aufgenommen werden.

Allein die Existenz von ProMotion reicht natürlich nicht aus, um die Studierenden von Continental zu überzeugen. Durch regelmäßige Veranstaltungen und Aktionen wird der Kontakt aufrechterhalten. Besonders beliebt sind die Workshops, an denen alle ProMotion-Studenten teilnehmen können. So haben wir beispielsweise im vergangenen Jahr zu einem spannenden Wochenende unter dem Motto „Teambuilding live" eingeladen. Hier wurde an drei Tagen – in einer Mischung aus Theorie und Praxis – die Bedeutung von Teambuilding erklärt. Natürlich kommt bei derartigen Veranstaltungen auch der Spaß nicht zu kurz. Aktionen wie „ProMotion trifft Trainee", die Bereitstellung eines Mentors aus dem Fachbereich oder die klassische Werksbesichtigung sind weitere denkbare Maßnahmen. Daneben kümmern wir uns auch um die Vermittlung weiterer Praktika – gerne auch an einem der vielen ausländischen Standorte.

Abschließend sei noch gesagt, dass ProMotion kein reines Rekrutierungsinstrument ist. Die Mitglieder sollen auch als Multiplikatoren agieren, mit der Intention, Continental als das darzustellen, was es ist: einer der Top-Arbeitgeber im Bereich Automotive!

Internationalisierung von ProMotion
Trotz der weiterhin großen Bedeutung des deutschen Marktes mit seinen knapp 50.000 Beschäftigten ist Continental ein sehr international aufgestellter Konzern. Mit insgesamt 155.000 Mitarbeiterinnen und Mitarbeitern ist das Unternehmen in 46 Ländern vertreten. Daher ist die Bindung von jungen Nachwuchskräften natürlich nicht nur ein deutsches Thema. Als dezentral organisierter Konzern überlassen wir es aber den verschiedenen Ländern, das Konzept von ProMotion zu übernehmen. Analog zur Abteilung Corporate Employer Branding & Recruiting übernehmen klar definierte „Country Coordinator" die Koordinationsrolle in den jeweiligen Ländern. Lokale ProMotion-Programme wurden ebenfalls bereits an verschiedenen internationalen Standorten eingeführt.

Trotz dieser Erfolge stößt die Strategie zur Internationalisierung von ProMotion an natürliche Grenzen, die in den Besonderheiten der Länder liegen. So sind in vielen Regionen Praktika während der Studienzeit nicht vorgesehen – weder im Lehrplan noch auf freiwilliger Basis. Studierende kümmern sich hier „nur" um ihr Studium und gehen danach direkt ins Unternehmen – meist ohne jegliche praktische Erfahrung.

Grenzen der internationalen Übertragbarkeit

Bei Continental versuchen wir daher Pionierarbeit zu leisten. In den Ländern, in denen wir vertreten sind, bieten wir Praktikumsplätze an und bemühen uns, Studierende dafür zu motivieren. Ein nicht ganz einfaches Unterfangen, da oftmals ein generelles Umdenken in der Studentenschaft stattfinden muss. Oder anders ausgedrückt: Die klare Trennung zwischen akademischer Ausbildung und praktischer Arbeit muss langsam durchbrochen werden.

Wir versuchen die Vorteile praktischer Erfahrungen aufzuzeigen und müssen dabei teilweise ganz klein anfangen. Denn viele Studierende sehen Praxisphasen als „verschenkte Zeit" und präferieren ein zügig absolviertes Studium. In Gesprächen versuchen wir deutlich zu machen, dass sich engagierte Studentinnen und Studenten durch praktisch gesammelte Erfahrungen von der Masse der Kommilitoninnen und Kommilitonen abheben können.

Auch ProMotion kann zur Akzeptanzsteigerung von Praktika einen großen Beitrag leisten. Mentoringkonzepte, Workshops oder die Vermittlung von Auslandspraktika sind Anreize, sich für ein Praktikum zu entscheiden – und dieses auch aktiv und motiviert anzugehen. Daher wird das Programm auf Veranstaltungen wie Karrieremessen bereits heute stärker in den Vordergrund gerückt und mithilfe von Flyern und Broschüren vermarktet.

Eine weitere Schranke: Auch die Mitarbeiterinnen und Mitarbeiter in den Ländern müssen auf die Chancen aufmerksam gemacht werden. Denn viele Führungskräfte aus den Fachabteilungen – und teilweise auch die Kollegen aus dem Bereich HR – sehen die Vorteile nicht, die sich durch die Bereitstellung von Praktikumsplätzen ergeben. Aufgrund anderer Strukturen haben sie selbst während ihres Studiums keine Praktika absolviert und müssen daher erst für das Thema sensibilisiert werden.

4.2.2 Fallbeispiel: Internationale Studentenbindung auf höchstem Niveau: Das Global Engineering Internship Program (GEIP)

Wie im letzten Fallbeispiel gesagt: Das Thema Praktikum – und damit auch das Thema Praktikantenbindung – ist gerade auf internationalem Parkett noch relativ neu. Daher müssen global ausgerichtete Unternehmen wie Continental hier Pionierarbeit leisten und die in Deutschland existierenden Praktikantenbindungsprogramme auf andere Märkte ausweiten bzw. an die dort bestehenden Gegebenheiten anpassen.

Wir bei Continental sind daher einen Schritt weitergegangen und haben gemeinsam mit führenden internationalen Hochschulen das „Global Engineering Internship Program" (GEIP) ins Leben gerufen. Mit diesem Programm folgen wir den Empfehlungen der 2005 durchgeführten „Global Engineering Excellence (GEE)"-Studie.

Der Hintergrund: Für das ambitionierte Projekt „Global Engineering Excellence" hatte Continental 2005 acht renommierte Universitäten gewinnen können, um die Perspektiven und gesellschaftliche Position von Ingenieuren, aber auch ihre Ausbildung und ihren Einfluss auf die Leistungsfähigkeit von Volkswirtschaften zu untersuchen und Rückschlüsse zu ziehen. Im Rahmen der Initiative ist die „Global Engineering Excellence"-Studie entstanden, die als weltweit erste ihrer Art den Handlungsbedarf in Wissenschaft, Wirtschaft und Politik zur Internationalisierung von Ingenieurwissenschaften aufzeigte. Laut Empfehlung der Studie soll die Wirtschaft als Grundlage für internationale Programme engagierte und nachhaltige Partnerschaften mit Universitäten eingehen, internationale Programme finanziell unterstützen und insbesondere mehr Plätze für hochwertige internationale Fachpraktika oder Projektarbeit anbieten.

Durch das GEIP haben wir bereits 2008 diese Empfehlungen erstmals in die Tat umgesetzt. Bereits im ersten GEIP-Jahrgang arbeiteten 19 Studenten aus sieben Nationen an international ausgerichteten Projekten. Unterstützt wurden die angehenden Ingenieure durch hochrangige Continental-Mitarbeiter sowie Vertreter der GEIP-Universitäten.

Bindungsorientierte Praktika für Ingenieure

Der Kontakt zu diesen Studierenden wurde auch nach dem Ende des Praktikums aufrechterhalten. Durch eine gemeinsame Internetseite hatten die Studierenden die Möglichkeit, sich untereinander weiter auszutauschen und auch mit Vertretern von Continental in Kontakt zu bleiben. Zudem stand die Projektleitung jederzeit bei Fragen und Wünschen zur Verfügung. So hat rund die Hälfte des ersten GEIP-Jahrgangs ein zweites Praktikum im Unternehmen absolviert. Einige Mitglieder des ersten Jahrgangs haben sich mittlerweile für einen Direkteinstieg oder ein Traineeprogramm bei Continental entschieden. Auch die Nachfolgejahrgänge konnten mit ähnlichen Erfolgsgeschichten aufwarten.

4.2.3 Fallbeispiel: Gewinnung von Ingenieursnachwuchs durch Projektsupport: Die Formula-Student-Initiative, ein internationaler Konstruktionswettbewerb

Um die besten Studierenden an ein Unternehmen zu binden, müssen die Aktivitäten eines Global Players wie Continental über Studentenbindungsprogramme hinausgehen. Denn gerade in Zeiten von sich zuspitzendem Fachkräftemangel müssen alle möglichen Anstrengungen unternommen werden, um sehr gute Studierende auf das Unternehmen aufmerksam zu machen und eine langfristige Bindung herzustellen.

Für einen Automobilzulieferer wie Continental ist besonders die „Formula Student" eine sehr interessante Plattform, um mit engagierten, motivierten und vermehrt technisch orientierten Studierenden in Kontakt zu treten. Bei der Formula Student handelt es sich um einen internationalen Konstruktionswettbewerb. Nachwuchsingenieure verschiedenster Hochschulen haben ein Jahr Zeit, um eigenständig einen einsitzigen Prototypen zu entwerfen, zu konstruieren und zu bauen, der von Experten aus der Automobilindustrie in statischen Kategorien und dynamischen Disziplinen bewertet wird.

Der erste Formula-Student-Event fand bereits vor über zehn Jahren in den USA statt. Seit fünf Jahren gibt es auch einen Event auf dem Hockenheimring, den wir seit drei Jahren als einer der Hauptsponsoren begleiten. Unsere Strategie: Wir versuchen unsere Ressourcen zu streuen und mehrere Teams mit Material und Know-how zu unterstützen. Wir haben uns ganz bewusst dagegen entschieden, lediglich ein Spitzenteam mit Komponenten aus unserem Unternehmen auszurüsten.

Durch unsere Strategie kommen wir mit vielen Studentinnen und Studenten in Kontakt. Für uns eine nicht immer ganz einfache Aufgabe, da wir weltweit über 30 Teams mit Komponenten und Know-how aus allen sechs Divisionen der Continental unterstützen und daher sehr viele Studierende betreuen müssen. Dennoch lohnt sich der Aufwand. Mittlerweile sind viele Mitglieder eines Formula-Student-Teams bei uns eingestiegen – ob nun direkt oder über eines der vielen Traineeprogramme. Von den vielen Praktikantenverträgen ganz zu schweigen.

Wie gesagt: Die Formula Student ist ein *internationaler* Konstruktionswettbewerb. Da es sich um ein strategisches, weltweites Projekt unseres Unternehmens handelt, beschränkt sich das Engagement nicht nur auf die Aktivitäten am Hockenheimring – auch wenn dieser Event eine ausgezeichnete Basis ist. Denn auf dem jährlich stattfindenden deutschen Event messen sich Teams aus unterschiedlichen Ländern. Dadurch lassen sich Kontakte zu internationalen Universitäten und Studierenden knüpfen. Ein Beispiel: Unsere Experten unterstützen seit geraumer Zeit ein Team der renommierten chinesischen Tongji-Universität beim Aufbau eines Formula-Student-Rennteams. Beim ersten Formula-Student-Rennen in China hat Continental zudem kurzfristig alle Teams mit Reifen ausgestattet und dadurch die Durchführung des Rennens gewährleistet.

Trotz der Entfernung zwischen Hockenheim und Shanghai: Durch beide Events wollen wir talentierte und motivierte Studierende an uns binden und ihnen einen Einstieg bei Continental schmackhaft machen. Allerdings reicht die einmalige Unterstützung am Rennwochenende – ob nun in Shanghai oder Hockenheim – nicht aus, um die Studentinnen und Studenten von uns zu überzeugen. Daher arbeiten wir im Prinzip mit „den gleichen Waffen" wie bei unseren Bindungsprogrammen. Das heißt: Auch nach den jeweiligen Rennwochenenden stehen wir in regelmäßigem Kontakt zu den von uns gesponserten Teams – sei es über die weltweite Projektleitung oder über den Kontakt zwischen den Teams und den Ingenieuren vor Ort. Dazu nutzen wir die klassischen Bindungsinstrumente wie beispielsweise Workshops. Weltweit laden wir Teams regelmäßig zu Fahrertrainings, Testfahrten oder Vorträgen ein. Das Ziel ist klar: Neben klassischem Personalmarketing geht es darum, ausgezeichnete Studierende zu binden.

5 Besonderheiten des Internal Branding: Behavioral Branding und Leadership Branding *(Susanne Siebrecht)*

Eine wichtige Aufgabe des Employer Branding ist es, die Mitarbeiter zu einem Brand-konformen Verhalten zu bewegen. Dieses Internal Branding nutzt Methoden der Verhaltenssteuerung und der markenorientierten Führung.

5.1 Einleitung

Klar positionierte Arbeitgebermarken geben auf der einen Seite Orientierung und wecken auf der anderen Seite Begehrlichkeit im Kandidatenmarkt. Mit einem authentischen und glaubwürdigen Versprechen und einem attraktiven Auftritt ist eine kraftvolle Marke das wichtigste Instrument im Wettbewerb um qualifizierte Arbeitskräfte. Marken sind nachhaltige und kontinuierliche Investitionen in die Zukunft eines jeden Unternehmens. Hierin ist sich die Literatur einig: dass durch ein markenspezifisch geprägtes Verhalten der Mitarbeiter eine Marke nachhaltig aufgebaut und gepflegt werden kann, was zudem das meiste Differenzierungspotenzial im Wettbewerb verspricht und somit einen wichtigen Beitrag zum Unternehmenserfolg leisten kann. Denn Produkte und Dienstleistungen auf der funktionalen Ebene sind austauschbar geworden. In diesem Zusammenhang wird häufig der Begriff des „identitätsorientierten Markenmanagements" verwendet, der sich an alle Stakeholder der Marke – wie Mitarbeiter, Kunden, Lieferanten – und die Gesellschaft wendet.[51]

Identität durch Employer Branding

Doch wie kann das nach außen gerichtete Versprechen der Employer Brand im Inneren der Organisation vom Topmanagement, von den Führungskräften und Mitarbeitern gleichermaßen übersetzt werden in ein markenkonformes Verhalten, damit die Marke aus der Organisation heraus „erlebbar" und somit an-/greifbar wird? Denn

---

51 Vgl. Schmidt 2007.

die beste Employer-Branding-Strategie verblasst mit der Zeit, wenn Mitarbeiter und insbesondere Manager sich nicht stimmig zur Arbeitgebermarke verhalten.

Die größte Herausforderung liegt in der Überzeugungsarbeit des Topmanagements, denn Branding an sich wird oft als sehr kostspielige Aktivität verstanden und positive Ergebnisse oder Veränderungen sind kurzfristig nicht realisierbar.

5.2 Begrifflichkeit

Internal Branding – Marken- und Mitarbeiteridentität

Im Zusammenhang mit dem Thema „Internal Branding" finden sich in der Literatur weitere Begriffe wie „Behavioral Branding" oder „Leadership Branding". Ist das Internal Branding ein neues Konzept? Ist Behavioral Branding nichts anderes als Personalentwicklung im erweiterten Sinne, und was hat Leadership mit Marke zu tun? In gewisser Weise ist der Ansatz des Internal Branding von jeher ein Bestandteil einer guten Unternehmensführung. Die Herausforderung liegt in dem oft noch nicht genutzten Identifikationspotenzial einer starken Marke nach innen, und da unterscheiden sich je nach Autor die Sichtweisen und Ansätze.[52]

Das *Internal Branding* richtet sich primär an den Mitarbeiter und ist ein ganzheitlicher Ansatz, bei dem neben den Instrumentarien der internen Kommunikation (zum Beispiel Broschüren, Workshops, Storytelling) auch Konzepte aus dem Personalwesen (zum Beispiel markenorientierte Rekrutierung, Einarbeitung und Entwicklung) und Erkenntnisse der Führungstheorie angewendet werden.[53] Der Unterschied zum Employer Branding besteht darin, dass über die Maßnahmen des Internal Branding nicht nur eine Positionierung der Marke als attraktiver Arbeitgeber im Arbeitsmarkt, sondern in allen von der Marke bearbeiteten Märkten angestrebt wird, was durch ein entsprechend markenkonformes Verhalten der Mitarbeiter an den sogenannten Kontaktpunkten (auch Brand-Touchpoints genannt – zum Beispiel Vertrieb, Marketing, Bewerbergespräche etc.) zum Ausdruck

52 Vgl. Schmidt 2007.
53 Vgl. Kapitel 3.1.

kommt und auf diese Weise bei Kunden und Geschäftspartnern erlebt wird. Die Basis für das Ableiten der grundsätzlichen Brand Identity ist dabei immer die Unternehmensmarke, in der die wesensprägenden Merkmale einer Marke zum Ausdruck kommen, für welche die Marke zunächst nach innen und später auch nach außen steht bzw. zukünftig stehen soll (siehe Abbildung 21).

Abbildung 21

In der nachfolgenden Übersicht werden beide Begriffe anhand von Kriterien zur besseren Veranschaulichung gegenübergestellt (Abbildung 22).

Behavioral Branding – markenkonformes Verhalten fördern

Der Fokus beim *Behavioral Branding* richtet sich verstärkt auf das Einfordern eines markenkonformen und kundenorientierten Verhaltens aller Mitarbeiter gegenüber diversen Interessengruppen (zum Beispiel Kunden und Geschäftspartnern).[55] Der Begriff wird häufig synonym mit dem Begriff des Internal Branding verwendet, obwohl er eine etwas andere Konnotation besitzt.

---

54 In Anlehnung an Burmann, Meffert 2005.
55 Tomczak et al. 2005, S. 25.

Abbildung 22: Unterscheidungskriterien von Internal und Employer Branding[56]

Kriterien	Internal Branding	Employer Branding
Ausgangspunkt	Es gibt nur eine Unternehmensmarke. Internal Branding und Employer Branding beziehen sich immer auf diese eine Unternehmensidentität.	
Definition	Entwickelt Mitarbeiter zu wirkungsvollen Markenbotschaftern.	Findet und bindet Mitarbeiter an die Marke.
Fokus	Den Mitarbeitern die Kraft der eigenen Marke als Denkhaltung und Erfolgsfaktor näherbringen.	Potenziellen und bestehenden Mitarbeitern die Vorteile bewusst machen, die sie im Unternehmen genießen (werden).
Richtung	Zuerst innen die Marke aufladen, dann außen geschärft und gestärkt auftreten.	Nach außen kommunizieren und damit auch innen Identifikation schaffen.
Schlüsselfragen	Mitarbeiter sind Markenbotschafter – so oder so. Die Schlüsselfragen lauten: ■ Wie wirkungsvoll sind sie im Sinne der Marke? ■ Verstehen sie die Marke als Wertekompass und Entscheidungshilfe? ■ Lösen sie mit ihrem Auftreten und Verhalten das Markenversprechen ein?	Unternehmen suchen die besten Köpfe. Die Schlüsselfragen lauten: ■ Wie attraktiv ist diese Marke für potenzielle und bestehende Mitarbeiter? ■ Finden wir die richtigen Talente? ■ Empfehlen Mitarbeiter das eigene Unternehmen als Arbeitgeber weiter, und sind sie bereit, weitere Mitarbeiter aktiv zu werben?
Erfolgsfaktoren	Internal Branding funktioniert nur dann, wenn die Marke von der Unternehmensspitze und den Führungskräften als strategisches Management-Tool verstanden und getragen wird.	Employer Branding funktioniert nur dann, wenn es strategisch geplant und umgesetzt wird.
Treiber	Leadfunktion Communications/Brand Management, interdisziplinäre Zusammenarbeit mit Personal, Marketing und Strategie unerlässlich.	Leadfunktion Personal, interdisziplinäre Zusammenarbeit mit Brand Management/Communications/Marketing notwendig.
Wie genau?	Internal Branding ist ein laufender Prozess, der immer wieder Impulse setzt und die Mitarbeiter motiviert, das eigene Verhalten an der Marke auszurichten.	Employer Branding ist ein laufender Prozess, der alle Kontaktpunkte von (potenziellen) Mitarbeitern mit der Marke einbezieht.
Schnittmenge	■ Mitarbeiter, der wertgeschätzt sein will. ■ Mitarbeiter, der Sinn in seiner Arbeit erkennen will. ■ Internal Branding wirkt auch nach außen auf potenzielle Mitarbeiter. ■ Employer Branding zieht nicht nur die besten, sondern auch die richtigen Mitarbeiter an: → Voraussetzung für Identifikation besser.	
Wie wirkt es?	■ Nachweisbar bessere wirtschaftliche Performance ■ Mitarbeiter sind bewusste Markenbotschafter ■ höhere Arbeitszufriedenheit ■ geringere Fluktuationsquote ■ weniger Krankenstände ■ höhere Weiterempfehlungsrate ■ Stolz und Motivation ■ Zielsicherheit	■ Höhere Arbeitszufriedenheit ■ geringere Fluktuationsquote ■ weniger Krankenstände ■ höhere Weiterempfehlungsquote ■ Zielsicherheit

56 Tometschek 2009: Es gibt nur eine Marke – Internal & Employer Branding sind nur ihre Aspekte; Identitäter, http://www.markenlexikon.com/texte/tometschek_eine_marke_03_2009.pdf (Stand: 14.12.2010).

Es ist notwendig, bei allen Mitarbeitern kontinuierlich die Bedeutung des Wissens über Marken und Identitätsfaktoren allgemein zu festigen und die Werte der eigenen Marke zu vermitteln. Im Prozess des Behavioral Branding werden mit entsprechenden Maßnahmen Wissen, Commitment und unternehmensspezifische Fähigkeiten aufgebaut und immer wieder aufs Neue mit Leben erfüllt, um möglichst bei allen Mitarbeitern markenkonformes Verhalten zu erreichen. Ziel ist es, durch positive Erlebnisse mit der Marke und dem kommunizierten Markenversprechen eine Stärkung des Markenimages herbeizuführen. Denn nur ein langfristig konsistenter Mitarbeiterauftritt führt im Sinne der Marke zu loyalen Kunden, was wiederum Auswirkungen auf den Unternehmenserfolg hat.

„Leadership" bedeutet Führung – Mitarbeiter mit Visionen zu inspirieren und zu motivieren, Kreativität zu fördern, Innovation, Sinnerfüllung und Wandel zu schaffen, um zukünftigen Anforderungen im Wettbewerbsumfeld aktiv begegnen zu können. Damit dieses Führungsverhalten das gesamte Unternehmen prägt, ist ein Rahmen notwendig, der mit den Werten der Arbeitgebermarke korrespondieren muss. In diesem Sinne ist *Leadership Branding* nach der Leadership Equity Association (LEA) „ein markenstrategisch fundierter Organisationsentwicklungsprozess mit dem Ziel, ein gemeinsames und unternehmensspezifisches Führungsverständnis zu entwickeln, das den Unternehmenserfolg fördert und die Unternehmensmarke stärkt."[57] Im Umkehrschluss bedeutet dies, dass Leadership Branding auch ein Instrument der strategischen Unternehmensführung ist und sicherstellen soll, dass sich das Topmanagement und alle anderen Führungskräfte authentisch und im Sinne der Unternehmensziele verhalten und als Role-Model in der Organisation aktiv als Vorbilder fungieren, denn Mitarbeiter beobachten ihre Führungskräfte sehr genau und deren Verhalten übt eine starken Einfluss auf das Mitarbeiterverhalten aus. Folglich hat das Führungsverhalten von Managern umfassende Auswirkun-

---

57 LEA Leadership Equity Association 2010, http://www.leadership-branding.de/leadership-branding.html (Stand: 14.12.2010).

gen auf die Mitarbeiterleistung, auf die Mitarbeiterbindung, auf die Kundenzufriedenheit, die Glaubwürdigkeit und die Reputation des Unternehmens und nicht zuletzt auf die Attraktivität als Arbeitgeber.[58]

Markenorientierte Führung bedeutet:
- die Markenwerte authentisch vorzuleben,
- eine überzeugende und differenzierende Markenpositionierung zu artikulieren und zu Beteiligung und Stolz auf die Marke anzuregen,
- Mitarbeiter zu motivieren, über sich und ihre Arbeit als Mitglied einer Marken-Community nachzudenken,
- mit den Mitarbeitern darüber zu diskutieren, welchen Beitrag sie zum Markenversprechen leisten,
- Mitarbeiter dabei zu coachen, ihre Rolle als Markenrepräsentanten ganz individuell auszufüllen.

Darüber hinaus bietet eine markenorientierte Führung die Möglichkeit, die Führungskräfteauswahl und -entwicklung spezifischer auf die Bedürfnisse des Unternehmens und die dazu erforderlichen Kompetenzen im Sinne der Marke auszurichten.

Wichtig ist also, dass Führung genau das unterstützt und widerspiegelt, wofür das Unternehmen steht. Dann wird Führung langfristig und nachhaltig zum Werttreiber der gesamten Organisation und einer der größten Differenzierungsfaktoren gegenüber dem Wettbewerb.

Zusammengefasst ist Internal Branding somit als Aufgabe an das Management adressiert, die den Bestandteil des Leadership Branding berücksichtigen muss; die Brand Behavior kann als das Ergebnis aller Internal-Branding-Maßnahmen verstanden werden und stellt folglich die zu überprüfende Zielgröße dar.[59]

---

58   Vgl. LEA Leadership Equity Association 2010 und Grubendorfer 2010.
59   Vgl. Forster, Erz, Jenewein 2009.

5.3 Internal-Branding-Prozess

Mitarbeiter sind Botschafter der Arbeitgebermarke. Sie müssen ebenso von der Marke überzeugt werden wie die externen Kunden. Dabei geht es um Investition in

- *Wissen:* Ausgehend vom bestehenden Markenimage in den Köpfen von Mitarbeitern muss ein Abgleich zur angestrebten Markenidentität erfolgen, um Differenzen möglichst frühzeitig zu begegnen. In dieser Phase muss dem Mitarbeiter vermittelt werden, wofür die Marke steht und durch welche Verhaltensweisen das Markenversprechen an den Kontaktpunkten zu Kundengruppen sichtbar und somit erlebbar wird (Stichwort „Wissen").
- *Werthaltungen* und *Commitment:* Ist das Wissen vermittelt und beim Mitarbeiter verfügbar, muss dieser ein gewisses Commitment gegenüber der Marke aufweisen. Hierbei handelt es sich primär um die emotionale Bindung, die ein Mitarbeiter zur Marke hat. Commitment führt nachweisbar zu einer höheren Leistungsbereitschaft, größerem Engagement und weniger Fehlzeiten. Zudem erhöht sich die Weiterempfehlungsbereitschaft (Stichwort „Wollen").
- den Ausbau von *Fähigkeiten:* Sind Wissen und Commitment vorhanden, muss der Mitarbeiter fachliche und soziale Kompetenzen sowie Fertigkeiten besitzen, um die Markenwerte im Umgang mit einem Kunden vermitteln zu können. In dieser Phase sind Job- bzw. Anforderungsprofile auf die geforderten Fähigkeiten hin differenziert zu betrachten, damit je nach Funktion im Unternehmen auf die Marke „eingezahlt" wird (Stichwort „Können").

Erst wenn diese drei Komponenten erfüllt sind und aus Organisationssicht Ressourcen wie Arbeitsmittel oder Budgets zur Verfügung stehen, kann ein markenkonformes Verhalten entstehen (siehe Abb. 23).[60]

---

60 Vgl. Wentzel et al. 2009, S. 84, vgl. Burmann, Becker 2008 http://hrtoday/de/themen/archiv/102487/Mitarbeitende_als_Botschafter_Modell_der_innengerichteten_Markenfuehrung (Stand: 07.01.2011).

Abbildung 23 — Prozess markenkonformes Mitarbeiterverhalten

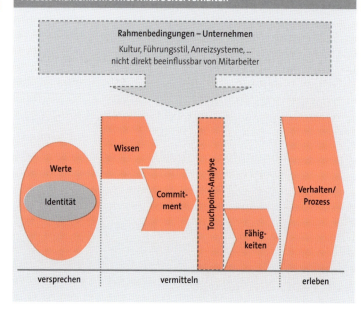

Wie in Abbildung 23 dargestellt, sind die Komponenten eng miteinander verbunden. Aufgrund der bedingten und erfüllten Abfolge der einzelnen Phasen wird das Modell auch als Trichter oder Brand-Behavior-Funnel betrachtet.[62]

Die Vorteile des Brand-Behavior-Funnel sind, dass ein Unternehmen in die Lage versetzt wird, das Verhalten des Mitarbeiters anhand der Komponenten in seine einzelnen Bestandteile aufzugliedern, und somit eine genauere Analyse ermöglicht wird. Das Verhalten zeigt sich insbesondere im direkten Kundenkontakt und hat Einfluss darauf, wie Kunden die Marke erleben (dies gilt intern wie extern). Daher empfiehlt es sich, diese Kontaktpunkte mithilfe der Brand-Touchpoint-Analyse genauer zu überprüfen.

---

61 Vgl. Wentzel et al. 2009, S. 84.
62 Vgl. Wentzel et al. 2009.

Tipp

Brand-Touchpoint-Analyse

Unternehmen verfügen bei genauerer Betrachtung über diverse Kontaktpunkte, an denen bewusst oder unbewusst das Unternehmen, dessen Kultur oder Marke erlebt wird – entweder im direkten Kontakt mit Kunden oder auch im Hinblick auf Mitarbeiter, sowohl potenzielle als auch die bestehenden Mitarbeiter in der Organisation. Richten wir zum Beispiel den Blick auf Mitarbeiter, so ergeben sich verschiedene Blickwinkel bei der Analyse der möglichen Kontaktpunkte, wie zum Beispiel Integration neuer Mitarbeiter, Mitarbeitergespräche etc.

Nachdem sie ermittelt worden sind, müssen die kritischen und strategisch wichtigen Kontaktpunkte einer genaueren Analyse unterzogen werden: auf der einen Seite, um den Ist-Zustand festzuhalten, damit später Veränderungen gemessen werden können, und auf der anderen Seite, um den Soll-Zustand festzulegen, der wiederum zur Ausrichtung der Marke an sich passt.

Für die Erarbeitung und Umsetzung der Kontaktpunkte im Detail eignen sich nachfolgende Vorlagen, hier als Beispiel, wie im Rahmen eines Projektes bei Benteler intern Kontaktpunkte in der Integrationsphase neuer Mitarbeiter bewertet wurden. Die Vorlagen sind je nach Unternehmen und Rahmenbedingungen individuell anzupassen.

 Abbildung 24

Brand-Touchpoint-Analyse

1. Erarbeitung/Analyse Kontaktpunkte						
Kontaktpunkt Beschreibung	Wichtigkeit Mitarbeitersicht	Einzigartigkeit	Bewertung intern	Neugestaltung Beschreibung	Priorität	
Einarbeitungsphase	hoch	Ja	Mittel	Einführungstag/e Geocaching etc.	hoch	
...						

2. Umsetzung der Kontaktpunkte					
Kontaktpunkt	Ist-Zustand Beschreibung	Hauptverantwortung	Schnittstellen	Notwendige Änderungen	
Einarbeitungsphase	Unternehmensbroschüren, lokale Einarbeitung, kein Standardprozess	Personal	einstellende Bereiche, Kommunikation	Kommunikation verstärken hinsichtlich der Unternehmenswerte, Führungskultur; New Hire Survey, Einführungsprogramm internationalisieren, Pre-Package vor erstem Arbeitstag ...	
...					

5.4 Instrumente des Internal Branding

Instrumente zur Emotionalisierung der Markenwerte

Um im Unternehmen eine Markenkultur zu erzeugen, ist es besonders wichtig, dass dieser Prozess mit entsprechenden Instrumenten begleitet wird. Der Fokus sollte hierbei auf die Emotionalisierung der Markenwerte gelegt werden, um die Relevanz der Marke der Organisation und deren Mitarbeitern näherzubringen. Ziel ist es, das Bewusstsein dafür zu schärfen, wie wichtig die Marke für den Erfolg des Unternehmens und somit auch für jeden Mitarbeiter selbst ist, und wie wichtig es folglich ist, das Markenversprechen authentisch beim Kunden zu platzieren und einzulösen.

Eine strukturelle Voraussetzung für eine identitätsorientierte Markenführung ist, dass insbesondere die Zusammenarbeit von interner und externer Kommunikation, dem Markenmanagement und dem Bereich Personal sichergestellt ist. Dies kann nur erfolgen, wenn die Relevanz für Internal Branding auf der Topmanagementebene erkannt und die Umsetzung sichergestellt und vorangetrieben wird.

Ziel: Brand Commitment der Mitarbeiter[63]

Um Brand Commitment mit entsprechenden Instrumenten positiv beeinflussen zu können, hat das Unternehmen drei verschiedene Stellhebel:

Markenorientierte Kommunikation

1. *Markenorientierte Kommunikation:* Die markenorientierte interne und externe Kommunikation hat den stärksten Einfluss auf das Brand Commitment. Klassische externe Kommunikationsformen wie Produktwerbung, Presseartikel oder auch Sponsoringaktivitäten wirken auf die Einstellung von Mitarbeitern im Unternehmen ein. Positive wie negative Schlagzeilen in der Presse beeinflussen indirekt die Einstellung der Mitarbeiter zum Unternehmen und somit zur Marke. Bei der internen Kommunikation hat sich die Kaskadenkommunikation (Topmanagement über direkte Führungskräfte zum Mitarbeiter) bewährt. Nicht zu unterschätzen sind die informellen Kommunikationswege wie klassischerweise der „Flurfunk" und zunehmend auch der Einfluss über Instrumente des Web 2.0. Zum Bereich der Markenkommunikation gehören darüber hinaus zum

---

63   Vgl. Burmann, Becker 2008.

Beispiel Broschüren, Flyer, Mitarbeiterzeitung, Intranet, Newsletter/Mail, Blogs, Storytelling, Events, Brand Academy und Mitarbeiter-Testimonials.

2. *Markenorientiertes Personalmanagement:* Der Personalbereich hat die Aufgabe, seine „Produktwelt" (zum Beispiel Arbeitszeitgestaltung, Rekrutierungsprozess, Integration neuer Mitarbeiter, Entwicklung und Bindung, Employer Branding) so zu gestalten, dass die Markenwerte integriert werden und transparent und somit langfristig erlebbar werden. Bereits bei der Personaleinstellung sollte zum Beispiel sichergestellt werden, dass nur Mitarbeiter rekrutiert werden, deren persönliches Wertesystem übereinstimmt mit den Werten der Markenidentität des Unternehmens.

Markenorientiertes Personalmanagement

3. *Markenorientierte Führung:* Wie bereits in Kapitel 5.2 dargestellt, ist ein weiterer wichtiger Stellhebel der innengerichteten Markenführung das Leadership Branding. Daher muss die Marke Bestandteil der Führungskultur werden. Beispiele für Instrumente sind symbolisches Management, Mitarbeitergespräche, Schulungen, Führungskräfteförderung, Teamentwicklungsmaßnahmen, Großgruppenmoderation etc.

Markenorientierte Führung

5.5 Markenwerte nachhaltig verankern

Um Markenwerte mit einer gewollten Veränderung in der Führungskultur nachhaltig und langfristig in der Organisation eines Unternehmens zu verankern, empfiehlt es sich, nachfolgende Faktoren zu berücksichtigen:

1. *KISS – Keep it simple and smart*
   Den Markenaufbau durch einfache und schnell wiedererkennbare Ideen gestalten, zum Beispiel durch Symbole, die leicht zu verstehen und zu kommunizieren sind und somit zu Ankerpunkten mit hohem Wiedererkennungswert werden.
2. *Topmanagement und Führungskräfte*
   Die Verankerung von markenorientiertem Verhalten erfolgt klassisch durch den Top-down-Prozess. Dabei fungieren insbeson-

re das Topmanagement, aber auch die Führungskräfte als Vorbilder. Nur durch ein authentisches Vorleben gelingt es, nachhaltig Mitarbeiter zu motivieren, zu begeistern und für Veränderungen zu gewinnen.

3. *Brand Ambassadors einsetzen*
   Brand Ambassadors sind meist Mitarbeiter verschiedener Hierarchieebenen, die als Markenbotschafter mit einer starken Detailtiefe zur Marke ausgebildet werden. Sie sind verantwortlich für die Planung und Durchführung von Workshops an ihren Standorten und fungieren als Vermittler zwischen den Hierarchieebenen der Organisation.

4. *Markenwerte emotionalisieren*
   Markenwerte sollten so vermittelt werden, dass Mitarbeiter ihre Erfahrungen spielerisch einbringen können, zum Beispiel durch interaktive E-Learning-Programme, Brandcards, Corporate Events, Storytelling, Integrationsspiele, Corporate Song oder Customer Experience Trails.

5. *Commitment fördern*
   Commitment wird direkt oder indirekt beeinflusst, je nach verfügbaren Rahmenbedingungen. Der Fokus muss daher auf nachhaltige Aktionen gerichtet werden.

6. *Dialog ermöglichen*
   Von Anfang an müssen Führungskräfte und Mitarbeiter in die Diskussion und Entwicklung einer Markenidentität einbezogen werden. Diese Aktivierung ist wichtig, damit das Wissen um die Marke entstehen kann und die Mitarbeiter sich am Prozess beteiligt fühlen.

7. *Prozesse nicht vergessen*
   Eine besondere Bedeutung kommt der Transformation der Markenwerte in die vorhandenen Prozesse, das Arbeitsumfeld und das Verhalten innerhalb einer Organisation zu.

8. *Nachhaltigkeit einfordern*
   Sind die erfolgskritischen Kontaktpunkte und Prozesse analysiert, muss sichergestellt werden, dass ein markenkonformes Verhalten nachhaltig im Verhalten verankert wird. Dies kann zum Beispiel erfolgen durch die Integration in persönliche Ziel-

systeme oder sogar Entlohnungsmodelle. Darüber hinaus durch Verankerung in den Verhaltens- und Führungsgrundsätzen, in der Personalauswahl, in der internen Kommunikation. Die Messung kann beispielsweise durch eine Marken-Scorecard erfolgen.

9. *Erfolgskontrolle*
Innerhalb des Internal-Branding-Prozesses ist auch die prozessbegleitende Erfolgskontrolle der Aktivitäten ein elementarer Bestandteil. Als methodisches Werkzeug eignet sich die Balance Scorecard als strategisches Steuerungs- und Messinstrument.[64] In regelmäßigen Abständen müssen die definierten Soll-Werte mit den Ist-Werten verglichen werden.

5.6 Praxisbeispiel Benteler Automobiltechnik, Region Mercosur: Unternehmenswerte als Leitbild und Orientierung im täglichen Umgang miteinander – Herausforderungen im internationalen operativen Business

Der folgende Beitrag stellt am Beispiel der Benteler Automobiltechnik GmbH dar, wie die Benteler-Unternehmenswerte – unter Berücksichtigung von lokalen Kommunikationsanforderungen und -bedürfnissen – im Rahmen der Einführung in die operativen Geschäftsbereiche umgesetzt und dort gelebt werden. Ziel ist es, dadurch die Identifikation mit dem Unternehmen als Erstes nach innen zu stärken sowie eine Orientierung zu geben und gleichzeitig das Erleben an diversen Kontaktpunkten nach außen zu fördern. Zum Beispiel kann ein Bewerber die publizierten Werte beim Vorstellungsgespräch im direkten Umgang mit den Gesprächspartnern erleben oder Kunden können sie im Verhalten von Vertriebsmitarbeitern erfahren. Von innen nach außen – so kann eine Arbeitgebermarke weiter gestärkt werden.

5.6.1 Unternehmen und Ausgangssituation
Die Benteler-Gruppe ist in den Geschäftsfeldern Automobil, Stahl/Rohr und Handel weltweit tätig. Rund 25.000 Mitarbeiter aus zahl-

---

64   Vgl. Kaplan, Norton 1996.

reichen Nationen und verschiedenen Kulturen arbeiten für das Unternehmen mit Sitz in Salzburg, Österreich. Die Leitlinien wurden 2005 erarbeitet, um allen eine Orientierung zu ermöglichen. Sie vermitteln Werte und Vorgaben und verweisen auf die Verantwortung jedes Einzelnen. Durch sie bekommt das Handeln ein klares Ziel. Um die Leitlinien mit Leben zu füllen, müssen diese Werte und Normen für jede Mitarbeiterin und jeden Mitarbeiter im jeweiligen Arbeitsumfeld deutlich werden. Dies bedeutet, dass einzelne Prozesse, die die tägliche Arbeit betreffen, im Sinne der Leitlinien zu überprüfen und gegebenenfalls zu verändern sind. Jeder Einzelne ist hierbei gefordert.

Benteler-Leitlinien und -Unternehmenswerte

Die Benteler-Leitlinien sind daher auch keine kurzlebige Erscheinung, sondern stellen einen wichtigen Bestandteil des unternehmerischen Erfolges dar. Wie jedes Unternehmen wird auch Benteler zunehmend daran gemessen, inwieweit die Inhalte der Leitlinien tatsächlich gelebt werden. Denn: Neben der Vision des Unternehmens und seinen Ansprüchen bezüglich Geschäftspartnern, Mitarbeitern und weiteren Zielgruppen werden auch der Führungsstil oder die Organisation angesprochen.

Die Unternehmenswerte – Kontinuität, Selbstständigkeit, Tradition, Verantwortung, Vertrauen, Zusammenarbeit – wurden innerhalb der internen Kommunikation in Form von Broschüren und Postern allen Mitarbeiterinnen und Mitarbeitern zur Verfügung gestellt. Darüber hinaus spielen sie auch bei der Rekrutierung neuer Mitarbeiter eine Rolle, um bereits bei der ersten Kontaktaufnahme einen ersten Einblick in die Unternehmenskultur zu geben.

Die Geschäftsbereiche hatten darüber hinaus die Möglichkeit, die Unternehmenswerte in ihrer eigenen Organisation, unter Beachtung der lokalen Anforderungen, mit entsprechenden Maßnahmen im Rahmen der weiteren Implementierung zu gestalten. Am Beispiel der Region Mercosur (Brasilien, Argentinien) innerhalb der Benteler Automobiltechnik wird aufgezeigt, mit welchen Herausforderungen das Projektteam von der Ideenfindung bis zur Umsetzung konfrontiert war.

5.6.2 Projekt

Im Jahr 2009 wurde ein Projektteam aus Personalern und Mitarbeitern, die kurz vorher neu eingestellt worden waren, mit der Zielsetzung gegründet, die Unternehmenswerte auf die Bedürfnisse von Mitarbeitern der Region Mercosur auszurichten. In der Analysephase wurde in Workshops kritisch hinterfragt, welche Assoziationen die Werte auslösen und welche Art und Weise der Darstellung für Mitarbeiter von Interesse sein könnte. Ebenso stand für die Umsetzung die Frage im Fokus, wie die Mitarbeiter nicht nur informiert, sondern zum Nachdenken über die Werte animiert werden könnten.

Verschiedene Ideen wurden dazu gesammelt und bewertet. Das Projektteam entschied sich in Abstimmung mit der Regionalleitung für den Einsatz von Bilderwelten. In einem weiteren Workshop wurden die Werte den entsprechenden Bilderwelten zugeordnet. Um die Mitarbeiter in die Entwicklung einzubinden und ihre Bedürfnisse berücksichtigen zu können, wurde eine Fokusgruppe von Mitarbeitenden befragt, ob sie mithilfe der Bilder die Werte zuordnen können. Nachdem die Bilderwelten festgelegt worden waren, wurde eine externe Agentur mit der Umsetzung beauftragt. Gemeinsam mit dem Projektteam wurde das geeignete Medium für die Kommunikation an die Zielgruppe ausgewählt. Die Entscheidung fiel auf die Produktion einer DVD, die die Bilderwelten inklusive Vertonung in drei Sprachen verfügbar macht. Immer im Blick wurde behalten, dass die Sprache einfach und die Texte möglichst eindeutig für die Zielgruppe zu verstehen sein sollten.

Workshopbasierte Entwicklung von Werten und Überlegungen zur Visualisierung

DVD „Benteler Values", einschließlich Vertonung der Werte, Ausschnitte
(Eigenes Material: Benteler Automobiltechnik GmbH, Region Mercosur)

 Abbildung 25

5.6.3 Umsetzung

Die Umsetzung mit der Kommunikation an die Mitarbeitenden wurde in unterschiedliche Phasen aufgeteilt.

Informationskampagne   In der ersten Phase wurde eine Informationskampagne für alle Mitarbeiter der Region Mercosur lokal an jedem Standort durchgeführt. Begleitet wurden diese Informationsveranstaltungen vom Projektteam und den lokalen Standortverantwortlichen.

In der zweiten Phase wurde die DVD im Rahmen der Integration neuer Mitarbeiter eingesetzt. Gerade in dieser frühen Phase ist es besonders wichtig, neue Mitarbeitende mit den Werten des Unternehmens vertraut zu machen, um ihr Handeln im Arbeitsalltag nach den Unternehmenswerten auszurichten.

Neben Informationsveranstaltungen und der DVD wurden weitere Maßnahmen eingeleitet, um die Werte noch stärker im Bewusstsein der Mitarbeitenden zu verankern. Zu jedem der sechs Werte wurde ein spezielles Produkt bzw. Werbemittel ausgewählt. Für den Wert „Kontinuität" stand beispielsweise eine Tüte mit Pflanzensamen. Ein Projektmitglied meinte hierzu: „Die Pflanzensamen sind eine gute Idee und für jeden einfach zu verstehen, denn eine Pflanze kann nur gedeihen und wachsen, wenn sie regelmäßig gehegt und gepflegt wird." Für den Wert „Verantwortlichkeit" wurde eine Tragetasche ausgewählt, die aus recyceltem Material hergestellt worden ist. Am Beispiel dieser beiden Werte soll aufgezeigt werden, dass der Mitarbeiter *immer* für sein Handeln verantwortlich ist.

Abbildung 25 Beispiel Integrationspaket für neue Mitarbeiter (Benteler Automobiltechnik GmbH, Region Mercosur)

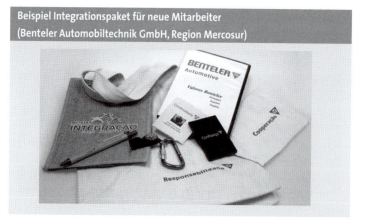

Außerdem werden die Werte auf jeder ersten Seite von Schulungsmaterialien und bei der klassischen Information via „Schwarzes Brett" immer wieder mit den entsprechenden Bilderwelten präsentiert.

Der verantwortliche Personalleiter der Region Mercosur bringt es auf den Punkt: „Unser langfristiges Ziel ist es, unseren Führungskräften und Mitarbeitenden immer wieder deutlich darzustellen, wie wichtig die Unternehmenswerte im gemeinsamen Umgang und im täglichen Handeln für uns sind." Darüber hinaus werden die Werte nach und nach in die Programme und Produkte, die der Personalbereich anbietet, integriert.

5.6.4 Erfolgsmessung

Inwieweit die entwickelten Maßnahmen von den Mitarbeitern wahrgenommen werden bzw. dazu beitragen, das Verhalten im Arbeitsleben entsprechend den Unternehmenswerten anzupassen, kann unter anderem qualitativ während eines Mitarbeitergespräches oder quantitativ im Rahmen einer wiederkehrenden Mitarbeiterbefragung festgestellt werden.

Die Benteler Automobiltechnik GmbH hat sich im Rahmen der zweiten weltweiten Mitarbeiterbefragung für den quantitativen Ansatz entschieden. Im Standardfragebogen fanden sich unter anderem Fragen zu den Unternehmenswerten. Die Zielsetzung dabei war es, einerseits den Status quo weltweit zu erheben und mit entsprechenden Aktivitäten Führungskräfte und Mitarbeitende weiter mit den Unternehmenswerten vertraut zu machen. Andererseits ging es darum, langfristig das Verhalten im Arbeitsumfeld nach den Werten auszurichten. Das Ergebnis der Mitarbeiterbefragung für die Region Mercosur zeigt, dass 86 Prozent von rund 2.200 Mitarbeitern die Unternehmenswerte kennen. 77 Prozent der Führungskräfte richten ihr Handeln – sichtbar im täglichen Umgang miteinander – nach den Unternehmenswerten aus.

Fragebogenbasierte Erfolgsevaluation

5.6.5 Fazit

Die Implementierung von Unternehmenswerten ist ein langfristiger und kontinuierlicher Prozess und erfordert die Bereitschaft und den Veränderungswillen aller Beteiligten in einer Organisation. Insbesondere im internationalen Geschäft gilt es, das regionale Kommunikationsverhalten zu berücksichtigen. Kommunikationsmaßnahmen müssen daher zielgruppengerecht entwickelt und umgesetzt werden.

Einzelne Prozesse, die die tägliche Arbeit betreffen, sind ständig zu überprüfen und gegebenenfalls zu verändern und auf die lokalen Anforderungen auszurichten. Mit geeigneten Messmethoden, sei es qualitativ oder quantitativ, kann dieser Prozess unterstützend begleitet und gesteuert werden bzw. es kann rechtzeitig mit entsprechenden Maßnahmen gegengesteuert werden, um langfristig das gewünschte Verhalten bei Mitarbeitenden und Management zu bewirken.

6 Social Media einsetzen beim Employer Branding *(Martin Poreda)*

Die sozialen Medien nehmen als Kommunkationskanal eine stetig wachsende Bedeutung für das Employer Branding ein. Die wichtigsten Plattformen werden ebenso wie ihre Vor- und Nachteile im Folgenden dargestellt.

6.1 Digital Natives – die High Potentials von morgen

Der vielzitierte „War for Talent" hat die Arbeit von HR-Experten bereits in der Vergangenheit massiv beeinflusst. Zu dieser bekannten demografischen Komponente kommt seit einigen Jahren noch ein weiterer Einflussfaktor hinzu: Das Internet hat die Kommunikation zwischen den Menschen verändert und eine neue Form ermöglicht – Social Media. Was mit Business-Netzwerken wie XING oder LinkedIn begann, setzt sich heute mit Technologien und Plattformen wie z. B. Twitter, Facebook, Google+ und mit lokalen Netzwerken fort.

Für die Altersklasse, die eine Nutzung von digitalen Medien als selbstverständlich erachtet, wurde mittlerweile ein eigenes Synonym erschaffen: Digital Natives. Die Bezeichnung selbst wurde von Marc Prensky, einem ausgebildeten Pädagogen und Webmanager, im Jahr 2001 geprägt. Die Publizierung seines Artikels „Digital Natives, Digital Immigrants" sorgte damals für Aufsehen:[65] Als „Digital Natives" charakterisierte er erstmals jene Personen, die zu einer Zeit aufgewachsen sind, in der bereits digitale Technologien wie Computer, Internet und MP3 verfügbar waren – im Gegensatz zu „Digitalen Immigranten", die den Umgang mit diesen Technologien erst im Erwachsenenalter kennengelernt haben.

Zielgruppe: Digital Natives

Kreativ, offen, vernetzt: die Führungskräfte von morgen
Digital Natives sind mit dem World Wide Web aufgewachsen und haben dadurch einen anderen Zugang zu den Themen Identität und Privatheit, zum Lernverhalten und nicht zuletzt zur Arbeitswelt.

Anderes Medienverhalten, anderes Lernverhalten, andere Work-Life-Vorstellungen

---

65 Prensky 2001.

Diese Einstellungen manifestieren sich im täglichen Gebrauch: Diese Internetnutzer unterscheiden nicht mehr zwischen Online- und Offline-Identität, sie senden sich Nachrichten über soziale Plattformen wie Facebook inzwischen noch lieber als E-Mails und sie konsumieren elektronische Beiträge über YouTube, statt das TV-Gerät einzuschalten. Digital Natives zeichnen sich durch eine ausgezeichnete Medienkompetenz aus und gelten nicht umsonst als kreativ, offen und vernetzt.

Der neue kommunikative und technische Umgang der Digital Natives brachte einen gesellschaftlichen Wandel mit sich und beschäftigt seither Wissenschaft, Telekommunikationsunternehmen und Internetdienste: Ein gemeinsames Forschungsprojekt zu Jugend und Medien der Harvard-Universität und der Schweizer Universität St. Gallen[66] nimmt sich der Thematik dieser jungen Nutzergruppe an.

Digital Natives in der Überzahl
Die Beachtung der Digital Natives erfolgt zu Recht: In Deutschland nutzen laut der ARD/ZDF-Onlinestudie[67] 100 Prozent der 14–19-Jährigen das Internet. Von den 20–29-Jährigen sind 98,2 Prozent regelmäßig online. Für diese Personen ist das WWW das beliebteste Medium, sogar Fernsehen und Radio werden weniger genutzt. Nur ein Drittel erstellt selbst Inhalte, Senden und Empfangen von E-Mails und die Nutzung von Suchmaschinen gehören zu den beliebtesten Internetaktionen. Wesentlich häufiger als die „Immigrants" nutzen die Digital Natives allerdings interaktive Medien. Zum großen Teil findet man sie in den Social Networks von StudiVZ bis Facebook. Hier vernetzen sie sich mit Freunden, knüpfen neue Kontakte und tauschen Nachrichten aus. Die grenzenlose Vernetzung lässt viele Nutzer jedoch vergessen, dass der scheinbar private Raum der Netzwerke ohne eigene Vorsichtsmaßnahmen tatsächlich komplett öffentlich ist. So wird das eine oder andere allzu private Foto unüberlegt und spontan in ein soziales Netzwerk eingestellt – und kann so

66   http://youthandmedia.org/projects/digital-natives/ (Stand: 25.08.2011).
67   http://www.ard-zdf-onlinestudie.de/ (Stand: 12.08.2011).

z. B. bei einem Bewerbungsgespräch zu möglicherweise unangenehmen Nachfragen führen.

HR auf dem Prüfstand: Kommunikation auf Augenhöhe
Diese Entwicklungen haben auch maßgebliche Auswirkungen auf die Personalarbeit: Unternehmen stehen vor der Herausforderung, Social-Media-Kanäle erfolgreich anzuwenden, da ein Großteil ihrer Kandidaten in sozialen Plattformen vertreten ist. Die kontinuierliche Auseinandersetzung mit digitalen Technologien ist dabei ein Muss – nur fundiertes Wissen um die einzelnen Kanäle sichert eine professionelle Anwendung. Eine zielgruppengerechte Ansprache, das Anbieten von weiterführenden Informationen auf der Unternehmenswebsite und den einzelnen Social-Media-Plattformen sowie das Eingehen auf die wahren Bedürfnisse erzielen Aufmerksamkeit und erreichen den einzelnen User.

Herausforderung für das Personalmanagement: Social-Media-Kanäle nutzen

Zeitgemäßes Personalmarketing und Personalrecruiting zeichnen sich durch vernetztes, direktes Interagieren mit der Zielgruppe aus. Personalmanager, die auch in der Zukunft erfolgreich agieren möchten, müssen sich dort aufhalten, wo sie ihre Kandidaten treffen können: in sozialen Netzwerken. Nur wer die Sprache und die Tools der Digital Natives kennt, kann diese für eine Mitarbeit im Unternehmen gewinnen und dieses Potenzial nutzen.

6.2 Relevante Social-Media-Kanäle für das Personalmanagement

Befasst man sich zum ersten Mal mit Social-Media-Kanälen, steht man zunächst überfordert vor einer Fülle von Diensten. Tatsächlich haben sich aus der Masse von Diensten einige wenige herauskristallisiert, die für das Recruiting und den Employer-Branding-Einsatz geeignet (gebotene Funktionen) und relevant (Reichweite) sind.

Ein von der Social-Media-Agentur „SF eBusiness" entwickelter „Social Media Relevanz Monitor" wertete anhand von 30 Bewertungskriterien über 80 Social-Media-Dienste für die B2B-Kommunikation aus, um Unternehmen eine erste Einschätzung relevanter Plattformen zu liefern. Dieser „Social Media Relevanz Monitor"

„Social Media Relevanz Monitor"

wurde 2010 erstmals auch für den Bereich Employee Recruitment durchgeführt und lieferte folgendes Ranking (die Zahlen geben die Relation zum Erstplatzierten an):[68]

Abbildung 27

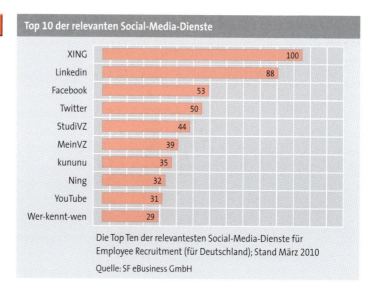

Top 10 der relevanten Social-Media-Dienste

- XING 100
- Linkedin 88
- Facebook 53
- Twitter 50
- StudiVZ 44
- MeinVZ 39
- kununu 35
- Ning 32
- YouTube 31
- Wer-kennt-wen 29

Die Top Ten der relevantesten Social-Media-Dienste für Employee Recruitment (für Deutschland); Stand März 2010
Quelle: SF eBusiness GmbH

Marktführer unter den Social-Media-Diensten im deutschsprachigen Raum

Für eine möglichst vielseitige Beleuchtung von Social Media für Recruiting und Employer Branding werden auf den folgenden Seiten jeweils die Marktführer unter den Social-Media-Diensten im deutschsprachigen Raum vorgestellt: als Business-Netzwerk www.xing.com, als privates soziales Netzwerk www.facebook.com, als Microblogging-Dienst www.twitter.com und als Arbeitgeber-Bewertungsplattform www.kununu.com.

Recruiting über XING

www.xing.com ist die renommierteste Plattform für Business-Networking im deutschsprachigen Raum. Mit dem Einstellen eines Profils haben Personaler die Möglichkeit, eine erste Recherche zu einem

68 http://www.sfe.de/top-10-social-media-dienste-employee-recruitment/ (Stand: 25.08.2011).
69 http://www.sfe.de/top-10-social-media-dienste-employee-recruitment/ (Stand: 25.08.2011).

potenziellen Kandidaten durchzuführen sowie nach einem Kandidaten für eine offene Position zu suchen. Dabei kann man nicht nur aktiv suchende Bewerber entdecken, sondern auch potenzielle Kandidaten, die offen für neue Herausforderungen sind. Firmen haben zudem die Möglichkeit, mit dem Einstellen eines Unternehmensporträts verstärkt auf sich aufmerksam zu machen.

Abbildung 28

Seit Kurzem sind die Firmenprofile von XING „UnternehmenPlus" mit den Arbeitgeberbewertungen von www.kununu.com verknüpft, der User sieht auf einen Blick sämtliche unternehmensrelevanten Informationen. Eine anyome Arbeitgeberbewertung wird genauso ermöglicht wie der Blick in Profile von künftigen Arbeitskollegen. Unternehmen profitieren von einer One-Stop-Shop-Lösung, wodurch nur noch ein Profil für beide Plattformen bedient werden muss.

Mit Facebook Schüler und Studenten ansprechen
www.facebook.com ist das zur Zeit größte und bisher am schnellsten gewachsene Social Network weltweit. Einst für die private Nutzung gedacht, hat Facebook aufgrund des Netzwerkgedankens längst den Business-Sektor erreicht. Ein Unternehmen kann in Form einer Fanpage Präsenz zeigen oder eine Gruppe gründen und „Freunde" gewinnen. Durch Videos, Fotos und die Pinnwand mit Kommentaren

können Firmen einen Einblick in den Arbeitsalltag gewähren. Der einfache Dialog mit den Usern und die Möglichkeit, multimediale Inhalte oder Kanäle wie Twitter und YouTube einzubinden, unterstützen den Auf- und Ausbau einer möglichst authentischen Arbeitgeber-Marke.

Eine Teilnahme an Facebook ermöglicht einen direkten Zielgruppenkontakt, verlangt jedoch nach einer direkten, zielgruppenspezifischen und vor allem permanenten Ausgestaltung der Kommunikation.

  Facebook

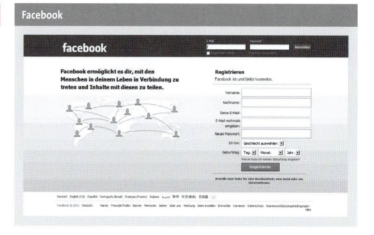

Echtzeitkommunikation über Twitter

 www.twitter.com ist ein Microblogging-Dienst, mit dem man kurze Nachrichten (140 Zeichen) schreiben kann und durch interessante Inhalte andere Twitter-Nutzer zu einem Abonnieren der eigenen Nachrichten bewegen möchte. Unternehmen nutzen Twitter zum Dialog mit Bewerbern, um Einblicke in den Arbeitsalltag zu gewähren, sowie zum Veröffentlichen von Bewerbungstipps und Stellenangeboten.

Daneben existieren viele weitere soziale Netzwerke; deren Anzahl und Bedeutung verändert sich kontinuierlich. Zentral ist, dass sich Menschen in unterschiedlichen Lebensphasen in unterschiedlichen sozialen Netzwerken bewegen. Diese zu kennen ist wichtig für die zielgruppenspezifische Ansprache.

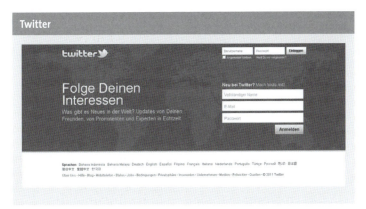

Abbildung 30

kununu – Mitarbeiterempfehlungen für Employer Branding und Recruiting nutzen

Die Plattform www.kununu.com bietet Arbeitnehmern in Deutschland, Österreich und der Schweiz die Möglichkeit, ihren Arbeitgeber anonym zu bewerten und dabei Verbesserungen anzuregen. Bewerber können auf kununu Arbeitgeber nach ihren individuellen Präferenzkriterien suchen und sich über sie informieren.

Abbildung 31

Während Hotelbewertungsplattformen schon seit einigen Jahren für die Reiseplanung eine Orientierungshilfe bieten, bietet kununu – mit ähnlicher Methodik aus Bewertungen und Kommentaren –

Bewerbern eine Möglichkeit, authentische Informationen über den Arbeitsalltag beim Wunsch-Arbeitgeber einzuholen. Mit einer Präsenz auf kununu ergreifen viele Firmen die Chance, auf sich als Arbeitgeber aufmerksam zu machen und direkt mit potenziellen Kandidaten in Kontakt zu treten: Mit Fotos vom Arbeitsalltag, Unternehmensvideos sowie aktuellen Stellenausschreibungen präsentieren sich Firmen, um die besten Kandidaten für sich zu gewinnen.

6.3 Strategische Einbindung von Social Media in das Employer Branding

Eine erfolgreiche Social-Media-Anwendung verlangt nach einer soliden Basis. Erst wenn das erforderliche Grundverständnis und die notwendigen organisationellen Strukturen geschaffen sind, kann die praktische Umsetzung erfolgen.

Erfolgsfaktor: Strategische Einbindung von Social Media in das Employer Branding

Unternehmen, die als attraktive Arbeitgeber wahrgenommen werden möchten, müssen Social Media gezielt und professionell in die eigene Employer-Branding-Strategie miteinbinden. Wichtig ist es, die eigenen Stärken als Arbeitgeber zu identifizieren und gezielt über Social Media im Unternehmen und nach außen zu kommunizieren. Die Selbstdarstellung sollte auf die Zielgruppe abgestimmt, aber authentisch sein. Im Kommunikationsverhalten muss man der Zielgruppe entgegenkommen und die neuen Tools für Bekanntheit, Beziehungspflege und Mitarbeitergewinnung aktiv zu nutzen wissen. Dann hilft Social Media, die immer stärker fragmentierten Zielgruppen mit minimalen Streuverlusten und großem Erfolgspotenzial zu erreichen.

Ausgangsanalyse, Zielsetzung und Strategie erfassen
Social Media beeinflusst das gesamte Kommunikationsverhalten des Unternehmens. Dementsprechend muss vor dem eigentlichen Start eine ausführliche Analyse der Ausgangslage erfolgen. Die interne Analyse erfasst, was die Mitarbeiter in unterschiedlichen Abteilungen heute schon im Social Web unternehmen, aber auch, welche kommunikativen Stärken und Schwächen es gibt. In der weiteren Folge geht es um die Zielsetzung. Ihre Definition beinhaltet auch jene Ziele, die

bis dato auf herkömmlichem Wege noch nicht erreicht worden sind. Abgerundet wird der Prozess durch die Integration der Social-Media-Aktivitäten in die bestehende Employer-Branding-Strategie.

Authentizität in sozialen Medien sicherstellen
Ein wesentlicher Erfolgsfaktor für die Nutzung von Social Media ist eine glaubwürdige, transparente Kommunikation. Bevor ein Unternehmen mit der HR-Kommunikation in Social Media beginnt, muss daher sichergestellt sein, dass tatsächlich authentische Einblicke in den Arbeitsalltag gewährt werden können. Ebenso wichtig ist eine offene Feedback-Kultur, die auch einen kritischen Dialog verträgt. Zudem muss das Unternehmen berichtenswerte „News" als Arbeitgeber generieren können. Das Eins-zu-eins-Spiegeln von Inhalten der herkömmlichen Karriereseite auf einer Social-Media-Plattform wird von Nutzern rasch bemerkt. Diese sehen dann keine Veranlassung, ein „Fan" oder „Follower" zu werden. Das Unternehmen hat jedoch anlässlich einer Teilnahme an Social Media auch die Chance, seine Kommunikationskultur zu überdenken und bei Bedarf anzupassen.

Systematische Nutzung von Social Media erfordert Investitionen
Die Annahme, dass Employer Branding über Social Media im Vergleich zu klassischen Maßnahmen der Arbeitgeberkommunikation keine Kosten verursacht, ist falsch. Berechnungen zufolge ist es für größere Unternehmen erst ab einem Jahresbudget von rund 30.000 Euro sinnvoll, mit einer umfassenden Social-Media-Kommunikation auf den wichtigsten Kanälen zu beginnen. Die Kosten entstehen durch Personal- sowie Umsetzungs- und Investitionsaufwände, wie zum Beispiel die grafische Gestaltung von Twitter- oder Facebookseiten. Dem gegenüber steht jedoch ein vielfacher Nutzen: Mit Social Media erhöht ein Unternehmen seine Arbeitgeberattraktivität und erhält dadurch mehr Initiativbewerbungen. Neue qualifizierte Mitarbeiter werden gewonnen und bisherige Mitarbeiter an das Unternehmen gebunden.

Organisatorische Voraussetzungen schaffen
Neben kulturellem Umfeld und Budget gibt es noch weitere Faktoren, die den Erfolg einer Social-Media-Nutzung kennzeichnen: Ein

Unternehmen muss für Verantwortlichkeiten, Kompetenzen und Prozesse sorgen. Schnittstellen zum Employer Branding, zum Marketing und zur Unternehmenskommunikation sind im Vorfeld zu klären. Der Einsatz von Social-Media-Diensten benötigt Spezialisten, die sich mit der Funktionsweise von sozialen Plattformen auskennen und den dort erforderlichen Kommunikationsstil beherrschen.

Kontinuierliche Informationsversorgung sicherstellen
Social Media verlangen, dass systematisch nach spannenden Themen aus der Arbeitswelt des Unternehmens gefahndet wird, dass diese in der Folge ausformuliert und aufbereitet werden und dass langfristig geplant wird. Social-Media-Plattformen funktionieren in dieser Beziehung wie herkömmliche Medien und benötigen daher redaktionelle Kapazitäten sowie einen Redaktionsplan. Wer Nutzer bzw. Leser langfristig auf Social-Media-Plattformen anziehen, begeistern und binden möchte, braucht dauerhaft überzeugende Inhalte und muss schnelle und unternehmenskonforme Reaktionen auf Fragen und Kommentare sicherstellen.

Monitoring
Online-Monitoring ist von großer Wichtigkeit, um im Social Web zeitnah auf Meldungen, Stimmungen oder Bewertungen zu reagieren. Eine Vielzahl von – zum Teil auch kostenlosen – Tools (Google Alerts, CoTweet, Technorati etc.) ermöglichen es herauszufinden, wo welche Inhalte über das Unternehmen im Internet publiziert werden. Neben journalistischen Online-Medien werden auch Blogs, Foren, Twitter, relevante Fach-Communities, Online-Businessnetzwerke und Arbeitgeber-Bewertungsplattformen systematisch nach Publikationen zu einem Unternehmen erfasst.

Mitarbeiter einbeziehen
Die Authentizität eines Arbeitgeberauftritts auf Social Media wird durch die Mitarbeiter geprägt. Im besten Fall motiviert ein Unternehmen seine Mitarbeiter derartig, dass diese berichten, was sie an ihrem Arbeitgeber schätzen, und stellt diese Informationen ins Netz.

Sensibilisierung für die Dos and Don'ts
Jeder einzelne Mitarbeiter kann die Online-Reputation seines Arbeitgebers beeinflussen – sowohl im positiven als auch im negativen Sinne. Es ist daher ratsam, sogenannte Social-Media-Richtlinien für die eigenen Mitarbeiter zu definieren. Derartige Richtlinien sollen bei den Mitarbeitern ein Bewusstsein für die Möglichkeiten und Risiken der Online-Kommunikation schaffen. Zudem gilt es die Mitarbeiter dafür zu sensibilisieren, dass, wo immer sie erkennbar mit Klarnamen und Nennung des Arbeitgebers auftreten, alle ihre Aktivitäten das Unternehmensimage mitgestalten.

Echtzeitkommunikation sicherstellen
Plattformen wie Facebook oder Twitter leben von der direkten Kommunikation mit den Zielgruppen. Der Social-Media-Verantwortliche im Unternehmen muss kontinuierlich den Dialog anregen und rasch auf Kommentare reagieren. Verspätete Antworten auf Fragen, die einem Unternehmen zum Beispiel auf seiner Arbeitgeber-Fanpage bei Facebook gestellt werden, deuten Nutzer als Zeichen von Behäbigkeit und fehlender Ernsthaftigkeit. Ein rasches Agieren und Reagieren wird von Lesern mit Treue belohnt.

Die Bekanntheit der Social-Media-Auftritte steigern
Die Investition von Zeit und Geld in Social-Media-Aktivitäten zahlt sich für das Unternehmen aus, wenn genügend Anlass geboten wird, auch von anderer Stelle darauf zu verweisen. So werden die Bewerber-Zielgruppen in verschiedenen Medien auf die Social-Media-Präsenz eines Unternehmens aufmerksam. Zielführend ist eine Verlinkung der Karriereseite und der Stellenanzeigen zu den Arbeitgeberauftritten auf Twitter, XING, YouTube oder kununu – und auch zwischen diesen Auftritten untereinander. Ein Unternehmen schafft sich damit ein Netz aus Hinweisen, in dem Interessierte „hängen bleiben".

6.4 Risiken und Nebenwirkungen

Die Erfolgsfaktoren von Social Media – Dynamik, direkte Zielgruppenansprache, virale Effekte – bergen auch das Risiko, statt die angepeilten Ziele zu erreichen, einen kommunikativen Super-GAU auszulösen. Risiken und Nebenwirkungen können jedoch durch Beachtung von Richtlinien zu einem Großteil vermieden werden.

Risiko Aktionismus Social Media verleiten zum unüberlegten Aktionismus, der jedoch oftmals unerwünschte Wirkungen mit sich bringt:

- Aktivitäten ohne Strategie: Das flüchtige Anlegen eines Profils, das einzelne Posting in einem Blog, das Hinterlassen eines Tweets versanden ohne Erfolg. Sämtliche Maßnahmen in Social Media müssen Teil einer ganzheitlichen Strategie sein.
- Nutzen einer Plattform ohne Hintergrundwissen: Jede Plattform hat ihre eigenen Spielregeln, die einzuhalten sind.
- Vorschnelles juristisches Vorgehen: Dialogorientierte Online-Kommunikation beinhaltet auch, dass ein Unternehmen mit kritischen Kommentaren rechnen muss. Das Vorpreschen der Rechtsabteilung kann die negative öffentliche Meinung zusätzlich verstärken. Eine persönliche Kontaktaufnahme, die konsensorientiert verlaufen soll, ist zielführender.
- Guerilla-Marketing: Manche Maßnahmen, wie fingierte positive Kundenmeinungen gegen Bezahlung ins Netz zu stellen, verstoßen gegen sämtliche ethischen Grundlagen und kommen zudem sehr rasch an die Öffentlichkeit.

Rechtliche Risiken Des Weiteren gibt es rechtliche Stolperfallen: Bei der Wahl des Account-Namens und des Account-Bildes dürfen Namens-, Marken- sowie Urheberrecht nicht verletzt werden. Unternehmen müssen zudem die allgemeine Impressumspflicht laut dem Telemediengesetz erfüllen. Das Wettbewerbsrecht gilt es ebenso einzuhalten wie die Haftung für Äußerungen und Links. Insbesondere sollten für den Fall, dass Mitarbeiter damit beauftragt werden, Communities für das Unternehmen zu nutzen, klare Richtlinien dafür geschaffen werden, in welcher Art und Weise und unter welchen Bedingungen die Nutzung erfolgt. Das gilt sowohl für die Routinekommunikation wie auch für das Kommunizieren in Ausnahmesituationen. Nur dann kann das rechtliche Risiko minimiert werden, durch Dritte für etwaige Rechtsverletzungen in Anspruch genommen zu werden.

6.5 Social-Media-Kosten

Employer Branding über Social Media ist ein kostengünstiger Weg, um die eigene Arbeitgebermarke zu stärken, Bewerber anzusprechen und einen Talentpool aufzubauen – aber kein kostenloser. Die Registrierung auf Social-Media-Plattformen kostet zwar nichts, doch durch die professionelle Nutzung der Dienste entstehen nicht zu vernachlässigende Aufwände.

Auch unter den Verantwortlichen für Employer Branding ist die Meinung weit verbreitet, das Engagement in Social-Media-Diensten wie Facebook, XING oder Twitter sei „kostenlos". Diese These erweist sich bei näherer Betrachtung als unwahr. Denn für eine Kostenkalkulation ihres Social-Media-Engagements müssen Employer-Branding-Spezialisten drei Kostenarten näher betrachten: Personalkosten, operative Kosten sowie Investitionskosten.

Personalkosten, operative Kosten sowie Investitionskosten kalkulieren

Die Personalkosten von Social-Media-Marketing
In den wenigsten Unternehmen ist Know-how zu Social Media vorhanden. Auch im Employer Branding per Social Media gelten die Regeln für zielorientiertes, unternehmerisches Vorgehen. Zuerst müssen Ziele gesetzt, erst dann kann umgesetzt und kontrolliert werden. Da ein Engagement in Social Media eine langfristige Maßnahme ist, setzen viele Unternehmen nicht auf kurzfristige und sporadische Beratungsleistungen von Externen, sondern schaffen eine eigene hausinterne Position wie „Social Media Specialist". Diese Person koordiniert die verschiedenen Interessen der Fachabteilungen und sorgt dafür, dass die Corporate Identity aus einem Guss ins Social Web getragen wird. Der interne Social-Media-Spezialist hat den Vorteil, dass Abhängigkeiten von externen Agenturen reduziert werden und das Social-Media-Know-how im eigenen Unternehmen wächst.

Ob Praktikanten oder erfahrene Vollzeitkräfte diese Spezialistenposition einnehmen, hängt davon ab, wie ernsthaft das Unternehmen das Ziel verfolgt, Social Media langfristig in die eigene Kommunikationsstrategie zu integrieren. Diese Haltung drückt sich unter anderem in der Höhe der Budgets aus.

Die operativen Kosten von Social-Media-Marketing
Ein oft unterschätzter Kostenfaktor ist der Faktor Zeit. Ernsthaft betriebenes Social-Media-Marketing ist ein Fulltime-Job, der folgende operative Aufgaben umfasst:

- Andauernde Weiterbildung und Marktbeobachtung:
Soziale Netzwerke stehen erst am Anfang ihrer Entwicklung. Neue Funktionen und Anwendungsmöglichkeiten erfordern ein wachsames Auge auf die bestehenden Kanäle und das Beobachten von neuen Markttrends und Diensten.
- Schnelles Agieren:
Echtzeit-Kommunikationskanäle wie Facebook oder Twitter leben von rascher und authentischer Kommunikation mit der Zielgruppe. Verspätete Antworten auf Fragen von Nutzern werden negativ bewertet.
- Pflege der Social-Media-Kanäle:
Facebook, Twitter, XING, kununu und andere Medien müssen kontinuierlich betreut werden. Fans (die Anhänger auf Facebook) und Followers (bei Twitter) erwarten von den Employer-Branding-Verantwortlichen interessante Inhalte. Stellen sich Social-Media-Auftritte als Kopien der offiziellen Arbeitgeberdarstellungen im traditionellen Imagebroschürenstil heraus, werden diese Präsentationen kaum Leser haben, und der Erfolg des Social-Media-Engagements wird ausbleiben.

Die Investitionskosten von Social-Media-Marketing
Im Social-Media-Marketing laufen Kosten auf, bevor ein Euro in einen der Social-Media-Kanäle investiert worden ist. Die Investitionskosten hängen von der Anzahl der gewählten Kanäle und von der Ausgestaltung des Unternehmensauftritts ab. Bei einem Mix aus den weiter oben erwähnten Kanälen bewegen sich die Kosten zwischen 30.000 und 100.000 Euro pro Jahr – den größten Teil machen hiervon die Personalkosten für Umsetzung und Betreuung aus.

Employer Branding mit Social Media ist ein kostengünstiger, aber nicht kostenloser Weg, um die eigene Arbeitgebermarke zu stärken, Bewerber anzusprechen und einen Talentpool aufzubauen. Während sich die Kosten der einzelnen Dienste im Vergleich zu klassischer Werbung in überschaubarem Rahmen bewegen, fallen Folgekosten in Form von Personalkosten und Kosten für externe Dienstleister (Programmierung) an.

Hinter Social Media, so einfach und preisgünstig es zu Beginn anmutet, steckt weit mehr. Unternehmen müssen sich bewusst sein, dass der Auftritt in diesem Bereich auch längerfristig Geld kostet. Die Investition verursacht jedoch keine leeren Taschen – der Return ist besonders wertvoll: die Chance, mit den Zielgruppen direkt in Kontakt zu treten, sie zu begeistern, von außen als attraktiver Arbeitgeber wahrgenommen zu werden und nicht zuletzt die eigenen Mitarbeiter an das Unternehmen zu binden.

6.6 Ausblick: Social Media – „Hype" oder sinnvoller Recruiting-Kanal?

Der Begriff „Social Media" steht heutzutage für zwei Dinge: erstens für eine gesellschaftliche Entwicklung und zweitens für webbasierte Technologien, die dieser Entwicklung gerecht werden.

Als „gesellschaftliche Entwicklung" verkörpern Social Media das Bedürfnis von Menschen, sich auszutauschen und am Leben anderer teilzuhaben. Die Weisheit der Masse und die damit verbundene Machtverschiebung Richtung Marktteilnehmer (Kunde, Arbeitnehmer, Patient etc.) steht erst am Anfang ihrer Entwicklung. Ältere müssen erst den Mehrwert erlernen, während die „Digital Natives" bereits selbstverständlich mit den Social-Media-Tools aufwachsen.

Die Technologien, die heute für Social Media stehen – hier in erster Linie Facebook, YouTube, XING, kununu & Co –, sind nur „Erfüllungsgehilfen" bzw. Vehikel von seit je bestehenden menschlichen Grundbedürfnissen.

Die Technologien ändern sich, das Prinzip der plattformgestützten Echtzeitkommunikation bleibt

Social-Media-Tools werden kommen und gehen, insofern wird es in Social Media immer „Hypes" geben. Fakt ist: Das Bedürfnis, in Kontakt mit seinen Mitmenschen zu stehen und neue Bekanntschaften zu schließen (zum Beispiel per Facebook), sich zu vernetzen, um berufliche Vorteile zu genießen (per XING), der Austausch von Meinungen und das Kommentieren von allerlei Themen (per

Twitter) sowie das Aussprechen von Empfehlungen (per kununu) werden bleiben und sind „Hype"-resistent.

Stellenwert von Social-Media-Recruiting wird weiter zunehmen
Sind Social Media ein „schlafender Riese"? Bis dato nutzt ein Drittel der deutschen Unternehmen Social Media für Recruiting-Zwecke, jede zehnte Einstellung erfolgt über Social-Media-Kanäle – diese Zahlen verdeutlichen das riesige Potenzial dieser Recruiting-Kanäle.[70]

Werden Social Media zum wichtigsten Recruiting-Kanal?

Bedenkt man auch noch die geringen Kosten, die Social-Media-Engagements im Vergleich zu traditionellen Medien mit sich bringen, so liegt der Schluss nahe, dass Social-Media-Recruiting zu einem der wichtigsten Recruiting-Kanäle schlechthin werden wird.

Der überwiegende Teil der Unternehmen kann sich ausschließlich durch ein angenehmes Arbeitsumfeld, ansprechende Arbeitsplätze, nette Kollegen und interessante Aufgabeninhalte profilieren. Die Verbreitung solcher Informationen kann nur über Social-Media-Kanäle erfolgen, möchte man eine große Anzahl von potenziellen Bewerbern erreichen. Auch eröffnen allein Social-Media-Kanäle die Möglichkeit, die eigenen Mitarbeiter glaubhaft als Unternehmensbotschafter einzubeziehen.

Social-Media-Dienste bieten Unternehmen die Chance, ihre Arbeitgebermarke zu stärken, die Bekanntheit unter High Potentials zu steigern und Young Professionals für sich zu begeistern – und etablieren sich damit als Instrument im Recruiting-Mix.

Firmen, die Social Media jetzt noch nicht als Kanal erkannt haben und nutzen, werden es künftig noch schwerer haben, interessante Arbeitnehmer zu finden. Wer hingegen seine Recruiting-Aktivitäten in den sozialen Netzwerken strategisch plant und die vielfältigen Möglichkeiten bereits jetzt nutzt, ist seiner Konkurrenz im Wettbewerb um die besten Köpfe stets einen Schritt voraus.

---

70 http://www.personalmarketingblog.de/?p=3813 (Stand: 25.08.2011).

7 Controlling des Employer Branding
(Alfred Quenzler)

Zur Steuerung und Erfolgskontrolle ist ein Employer-Branding-Controlling unerlässlich. Im folgenden Kapitel werden die wichtigsten Kennzahlen dargestellt und ihre Anwendung anhand von Beispielen verdeutlicht.

7.1 Einführung

„Wieder und wieder bitte ich: Non multa sed multum. Weniger Zahlen, aber gescheitere ..."[71] Dieses Zitat, das Lenin in einem Brief geschrieben haben soll, drückt das aus, was Personalverantwortlichen immer mehr Sorgen bereitet: Welche Kennzahlen geben exakt Aufschluss über die Wirkungen und den Nutzen von Maßnahmen im Personalmanagement? Und insbesondere im nur schwer exakt zu bewertenden Employer Branding?

In den Zeiten von Wandel und unsicheren Rahmenbedingungen wird es immer schwieriger, Budgets zu halten, ohne dass Aktivitäten im Employer Branding hinterfragt werden. Am Angebot an Kennzahlen mangelt es nicht, die Frage ist jedoch, ob diese auch das messen, was sie zu messen vorgeben. Und sind diese Kennzahlen aussagefähig, eindeutig sowie (international) vergleichbar? Der Rechtfertigungsdruck steigt. Die goldenen Zeiten des „Machen Sie mal!" sind spätestens seit der Struktur- und Finanzkrise 2008 endgültig vorbei. Personalvorstände oder Geschäftsführer interessieren sich verstärkt für aussagekräftige Kennzahlen – und das mittlerweile sogar im vermeintlichen Randbereich HR-Marketing, der seit der Wiederentdeckung des Nutzens eines nachhaltigen Employer Branding an Bedeutung gewonnen hat.

Aussagefähige Kennzahlen sind auch für die Steuerung des Employer Branding wichtig

7.1.1 Über Sinn und Unsinn von Kennzahlen
„Die Informationen, die wir bekommen, die brauchen wir nicht, und die Informationen, die wir brauchen, die bekommen wir nicht!"[72]

---

71 Zitiert nach Stadler/Weißenberger 1999, S. 5.
72 Michel 1999, S. 127.

In den vergangenen Jahren wurde im Rahmen des Human-Resource-Managements (HRM) intensiv über den Anspruch diskutiert, wie HRM eine strategische Rolle besetzen bzw. einen strategischen Beitrag zum Unternehmenserfolg leisten kann. Insbesondere die Überlegungen von Dave Ulrich zu den neuen und zukünftigen Rollen des HRM genossen in den vergangenen Jahren Aufmerksamkeit.[73] Von der Personalabteilung als strategischem Partner ist hier die Rede. Nicht selten aber wurde strategisches HRM rein als Abkehr von administrativen Aufgaben verstanden, ohne tatsächlich eine richtunggebende Funktion im Unternehmen wahrnehmen zu können. Insbesondere wurde das HR-Controlling stark vereinfacht und dann wegen der unzureichenden Aussagekraft kritisiert, oder es war schlichtweg nicht vorhanden. Das mangelnde Selbstvertrauen der HR-Community rührte unter anderem daher, dass die Frage „Welchen Beitrag leistet denn die Arbeit des HR-Bereichs zum Unternehmenserfolg?" nicht klar und eindeutig beantwortet werden konnte.

Verschiedene internationale Ansätze und Herangehensweisen machen eine direkte Vergleichbarkeit zwischen Branchen und Unternehmen schwierig. Erst Mitte der 90er Jahre und vor allem seit dem Zusammenbruch des „Neuen Marktes" 2002 entwickelte sich das HR-Controlling zu einem immer wichtiger werdenden Bereich innerhalb des HRM. Dieser „Hype" führte zum Teil zu einer Überflutung mit Key Performance Indicators (KPI), weitergehenden Forderungen der Geschäftsführung und der Vorstände sowie der zum Großteil noch unbeantworteten Frage bei den Personalverantwortlichen, welche Kennzahlen denn nun die fehlerlosen und aussagefähigen seien.

Kennzahlen verdichten Sachverhalte und reduzieren Komplexität

Unzweifelhaft liegen die Chancen von Kennzahlen in der Komplexitätsreduktion durch eine Informationskonzentration und -verdichtung.

Gefahr von Fehlentscheidungen

Auf der anderen Seite hat auch der Einsatz von Kennzahlen Grenzen und ist nicht immer sinnvoll. So ist die Mitarbeiterproduktivität definiert als Umsatz dividiert durch die Mitarbeiterzahl oder die Stundenzahl. Da Umsatz und Personalkosten Schlüsselfaktoren

---

73 So z. B. Ulrich 1997 und Ulrich, Brockbank 2005.

darstellen, ist diese Kennzahl wichtig für die Geschäftsführung. Zur Messung der Produktivität ist sie generell nicht zielführend, da Mitarbeiter oftmals keinen direkten Einfluss auf den Preis der Produkte haben. Eine Ausnahme stellen Dienstleistungsunternehmen dar, bei denen die Arbeit der Mitarbeiter direkt an den Kunden fakturiert wird.[74]

Eine weitere Gefahr von Fehlentscheidungen liegt in der einseitigen Betrachtung von Kennzahlen (zum Beispiel nur Finanzkennzahlen). So führt die Entlassung von Mitarbeitern zur Gewinnsteigerung kurzfristig zwar zu einem Ansteigen der Aktienkurse, denn der Kapitalmarkt honoriert die gesunkenen Personalkosten. Der Verlust des Humankapitals sowie die negative Wirkung auf die Leistung der verbliebenen Mitarbeiter bleiben jedoch oft unberücksichtigt. Zudem werden die enormen Kosten bei der Rekrutierung von Talenten und bei der Imagearbeit außer Acht gelassen, da sie wesentlich später ins Gewicht fallen.[75]

Aus den bisherigen Ausführungen ergeben sich für das Employer Branding folgende grundlegenden Fragestellungen:
- Ist ein wirklich aussagekräftiges Controlling möglich?
- Mit welchen Kennzahlen kann man die Arbeit des Employer Branding quantifizieren?
- Wie kann man den Nutzen der Arbeit im Employer Branding bestimmen?
- Welche KPIs sind generell für das Employer Branding sinnvoll?

7.1.2 Das Dilemma des Personalcontrollings

„Kennzahlen sind quantitative Daten, die als bewusste Verdichtung der komplexen Realität über zahlenmäßig erfassbare betriebswirtschaftliche Sachverhalte informieren sollen" – so die Definition eines Lehrbuches für Controlling.[76]

---

74 Vgl. Preißner 2008, S. 199.
75 Vgl. Holtbrügge 2007, S. 242 ff.
76 Vgl. Weber, Schäffer 2008, S. 173.

Abbildung 32 — **Kennzahlen des Personalmanagements[77]**

Personalstruktur	Personalbedarf und -beschaffung	Personaleinsatz
■ Qualifikationsstruktur ■ Behindertenanteil ■ Frauenanteil ■ Durchschnittsalter der Mitarbeiter ■ Altersverteilung ■ Durchschnittsdauer der Betriebszugehörigkeit	■ Nettopersonalbedarf ■ Pensionierungsquote ■ Bewerber pro Ausbildungsplatz ■ Bewerbungseingang ■ Effizienz der Beschaffungswege ■ Fluktuationsrate ■ Anteil der Absolventen/Professionals	■ Vorgabezeit ■ Leistungsgrad ■ Überstundenquote ■ Leitungsspanne ■ Entsendungsquote ■ Rückkehrquote ■ Arbeitsplatzstruktur ■ Verteilung Jahresurlaub

Personalerhaltung	Personalentwicklung	Personalfreisetzung
■ Fluktuationsrate ■ Unfallhäufigkeit ■ Ausfallzeiten ■ Entgeltstrukturanalyse ■ Erfolgsbeteiligung je Mitarbeiter ■ Veränderung der Ergebnisse Mitarbeiterbefragung	■ Ausbildungsquote ■ Übersendungsquote ■ Struktur der Bildungsmaßnahmen ■ Weiterbildungszeit je Mitarbeiter ■ Weiterbildungskosten je Tag und Teilnehmer ■ Quote Weiterentwicklung ins Management	■ Sozialplankosten je Mitarbeiter ■ Abfindungsaufwände ■ Quote Dienstaufhebungsverträge (DAV) ■ Kündigungsquote ■ Anteil Kündigungsgespräche

Wie aber lässt sich zahlenmäßig die Leistung, der Wertschöpfungsbeitrag des Humankapitals messen und bewerten? Die Antwort darauf ist in der Tat schwierig, denn die Faktoren des Humankapitals sind vordergründig überwiegend „weich" und eher qualitativ denn rein quantitativ zu sehen. Ist die Arbeit erfolgreich, wenn gestern zwanzig Einstellungsgespräche geführt worden sind und heute fünfzehn? Oder ist es besser, heute zehn zu führen und morgen dreißig? „Es kommt darauf an!", werden erfahrene Personaler salomonisch einwenden, nämlich auf die Zielgruppe, die Qualität des Gesprächs, darauf, wie viele Personen beteiligt sind, und auf die Gesprächskultur des jeweiligen Unternehmens. Diese „weichen" Faktoren entziehen sich demnach dem Messen und Bewerten mit klassischen be-

---

77 Quelle: eigene Darstellung in Anlehnung an Klingler 2005, Weber, Schäffer 2008, Preisner 2008, Gladen 2011, Holtbrügge 2010, DGFP 2009.

triebswirtschaftlichen Methoden. Zudem ist das Management mit der kennzahlenorientierten Betrachtungsweise häufig noch nicht im Detail vertraut. Oftmals reicht das Wissen über die Positionierung in Arbeitgeberrankings aus, um die nächsten Schritte im HR-Marketing zu bestimmen. Diese leicht verständliche Kennzahl ist aber für eine strategisch sinnvolle Ausrichtung nicht aussagefähig genug. Doch der Einsatz von Kennzahlen findet nicht nur Zustimmung im Personalmanagement. Man fürchtet den Verlust von Autonomie, scheut die erhöhte Transparenz und den gläsernen Personalmitarbeiter, der sich für jeden Arbeitsschritt verantworten muss. Je mehr Kennzahlen verwendet werden (siehe Abbildung 32), desto mehr Fehlinterpretationen sind möglich. Die Aussagefähigkeit von Kennzahlen kann überschätzt werden, wenn die Variablen und Determinanten nicht in die richtige Beziehung gesetzt werden.

Demzufolge ist es unabdingbar, sich mit der Begrifflichkeit des HR-Controllings intensiver zu beschäftigen, um eine einheitliche und klare Abgrenzung vorzunehmen.

7.2 Personalcontrolling und Employer Branding

7.2.1 Definition und Zielsetzung

Personalcontrolling ist ein eher junger Teilbereich der Betriebswirtschaft und hat sich seit den 80er Jahren des letzten Jahrhunderts entwickelt.[78] Durch den Begriff „Personalcontrolling" wird man mit vielen Interpretationsmöglichkeiten konfrontiert. Das Wort „control" für sich genommen lässt schon eine enorme Bandbreite an Bedeutungen zu. Des Weiteren kann sich durch das vorangestellte Wort „Personal" das Controlling sowohl auf die Mitarbeiter als auch auf die Personalarbeit beziehen.[79]

Der Arbeitskreis Personalcontrolling der DGFP e. V. hat sich auf folgende Definition verständigt: „Das Personalcontrolling ist die Teilfunktion des Personalmanagements, die ein optimales Verhältnis von personalbezogenem Aufwand (im Sinn von Preis, Menge,

Definition Personalcontrolling

---

78 Vgl. Wickel-Kirsch, Janusch, Knorr 2008, S. 140.
79 Vgl. Brück 2005, S. 29.

Zeit und Qualität) zu personalbezogenem Ertrag (im Sinn von Preis, Menge, Zeit und Qualität) überwacht und dabei die derzeitige und künftige wirtschaftliche Entwicklung im Unternehmen und in dessen Umfeld berücksichtigt."[80]

Weiterhin wird darunter eine Querschnittfunktion verstanden, welche die Planung, Steuerung, Kontrolle und Informationsversorgung aller personalwirtschaftlichen Maßnahmen unterstützt.[81] Die Unterstützungsleistung des Personalcontrollings kann auch durch folgende Unterziele näher beschrieben werden:

Abbildung 33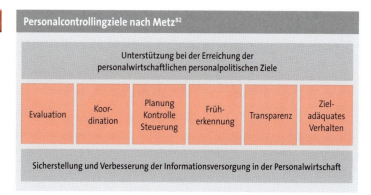

Personalcontrollingziele nach Metz[82]

Die Ziele des Personalcontrollings ergeben sich dabei stets aus den personalwirtschaftlichen Zielsetzungen und müssen letztlich dazu beitragen, das Erreichen der Unternehmensziele sicherzustellen.[83]

Um ein aussagekräftiges HR-Controlling zu implementieren, das nicht nur vergangenheitsbezogen ist, kann eine Balanced Scorecard eingesetzt werden. Dabei wird der Wertschöpfungsbeitrag des HR-Managements aus unterschiedlichen Unternehmensperspektiven gesehen. Um mit der Balanced Scorecard sinnvoll zu arbeiten, empfiehlt es sich, wenige Kennzahlen pro Quadrant zu verwenden (siehe Abbildung 34). Wichtig ist hierbei wieder die Frage: Welche Kennzahlen sind die „richtigen"?

---

80 DGFP 2009, S. 21.
81 Vgl. Eisele, Doyé 2010, S. 365.
82 Vgl. DGFP 2001, S. 25.
83 Vgl. DGFP 2001, S. 24.

Abbildung 34: Balanced Scorecard als Controllinginstrument im Employer Branding nach Hanke, Hübner[84]

7.2.2 Aufgaben und Dimensionen

Die Aufgaben des Personalcontrollings ergeben sich laut Schulte (2011) aus „vier eng miteinander verknüpfte(n) und sich gegenseitig beeinflussende(n) Hauptfunktionen":[85] Die *Informations- und Ermittlungsfunktion* ist für die systematische, rechtzeitige und nutzergerechte Information aller Entscheidungsträger und Interessengruppen des Personalmanagements verantwortlich. Um diese Aufgaben zu erfüllen, ist die Einrichtung eines Informationssystems erforderlich, das auftretende Schwachstellen oder Abweichungen möglichst früh identifizieren soll. Die *Planungsfunktion* des Personalcontrollings beinhaltet die Bereitstellung von Prognose-, Vorgabe- und Zielinformationen. Im Rahmen der *Steuerungsfunktion* sollen mögliche Ursachen eines ineffizienten Einsatzes von Instrumenten

---

84 Hanke, Hübner 2010, S. 44.
85 Schulte 2002, S. 2.

des Personalmanagements aufgedeckt sowie sinnvolle Handlungsalternativen ausgearbeitet werden.[86] Die *Kontrollfunktion* bewertet das Personalmanagement hinsichtlich der Zielerreichung. Die Kontrolle erfolgt sowohl bei Entscheidungen aus der Vergangenheit als auch bei zukünftigen Handlungsalternativen.[87]

Die aufgeführten Funktionen wurden von anderen Autoren teilweise weiterentwickelt. Wunderer und Jaritz (2007) leiten für das Personalcontrolling beispielsweise die Integrations- und Schnittstellenfunktion, die Transparenz- und Frühwarnfunktion, die strategische Funktion sowie die Beratungs- und Lotsenfunktion ab.[88]

Personalcontrolling kann entsprechend seinem Entwicklungsstand in vier Dimensionen unterteilt werden: Kosten, Effizienz, Effektivität und Bestand.

Abbildung 35 Vier Ebenen des Personalcontrollings[89]

Vier Ebenen des Personalcontrollings

Das *Kostencontrolling* definiert indirekte und direkte Kosten der Personalabteilung. Diese Form des Controllings ist somit eher inputorientiert und soll die Kosten des Personalbereichs in ihrer Höhe,

---

86 Vgl. Schulte 2011, S. 2.
87 Vgl. Holtbrügge 2010, S. 223 f.
88 Vgl. Wunderer, Jaritz 2007, S. 20 f.
89 In Anlehnung an Wunderer, Jaritz 2007, S. 16; Jansen 2008, S. 55.

Zusammensetzung und Entwicklung erfassen, analysieren und überwachen.[90]

Das *Effizienz- oder Wirtschaftlichkeitscontrolling* hingegen „evaluiert die Produktivität der Personalarbeit durch einen Vergleich von tatsächlichem und geplantem Ressourceneinsatz für personalwirtschaftliche Prozesse".[91] Eine mögliche Auswertung besteht zum Beispiel in der Gegenüberstellung der geplanten Soll-Kosten mit den Ist-Kosten pro Prozess.[92] Häufig kommen beim Effizienzcontrolling auch Kennzahlen oder Kennzahlensysteme zum Einsatz.[93]

Das *Effektivitäts-, Erfolgs- oder Wertschöpfungscontrolling* kann sowohl strategisch als auch operativ betrachtet werden. Auf der operativen Ebene stellt das Effektivitätscontrolling die Kosten einer Maßnahme den entsprechenden Wirkungen gegenüber.[94]

„Im strategischen Erfolgscontrolling geht es um den Erfolgsbeitrag der betrachteten Personalprozesse zu den wirtschaftlichen und sozialen Personalmanagementzielen und damit zum Unternehmenserfolg."[95] Diese Messung „gestaltet sich am schwierigsten, da der Erfolg des Personalmanagements weder direkt gemessen noch eindeutig zugerechnet werden kann."[96]

Bei Jansen (2008) werden die drei dargestellten Ebenen noch um das *Bestandscontrolling* ergänzt, was auf die Bestimmung der Höhe des Personalbestandes abzielt.[97]

7.2.3 Employer-Branding-Controlling

Das Personalcontrolling bezieht sich in seiner konkreten Anwendung „sehr oft auf einzelne Funktionen des Personalmanagement, die es zu überwachen, zu optimieren und zu steuern gilt."[98] Die personalwirtschaftlichen Aufgabenfelder Personalmarketing und

---

90	Vgl. Zaugg 2009, S. 363.
91	Wunderer, Schlagenhaufer 1994, S. 22.
92	Vgl. Lindner-Lohmann, Lohmann, Schirmer 2008, S. 202.
93	Vgl. Knorr 2004, S. 25.
94	Vgl. Zaugg 2009, S. 363.
95	Knorr 2004, S. 27.
96	Wunderer, Jaritz 2007, S. 17.
97	Vgl. Jansen 2008, S. 55.
98	Jansen 2008, S. 173.

Personalbeschaffung können somit zu Anwendungsfeldern des Personalcontrollings werden. Häufig wird dabei von HR-Marketing-Controlling, Personalbeschaffungscontrolling oder Employer-Branding-Controlling gesprochen.[99]

7.3 Bestehende Ansätze des Employer-Branding-Controllings

7.3.1 Ziele und Inhalt

Ziele des Employer-Branding-Controllings: Kosten transparent machen, Effizienz aufzeigen, Wirkung verdeutlichen

Ziel des Employer-Branding-Controllings ist es, die Kosten aller Employer-Branding-Aktivitäten transparent zu machen sowie deren Effizienz aufzuzeigen. Im besten Fall soll außerdem der Beitrag des Employer Branding zum Unternehmenserfolg sichtbar gemacht werden.[100]

In Anlehnung an den Prozess der Personalbeschaffung kann auch das Personalbeschaffungscontrolling weiter unterteilt werden (siehe Abbildung 36). Im Rekrutierungscontrolling stehen dabei die Größen Kosten, Zeit, Wirtschaftlichkeit und Maßnahmenerfolg im Vordergrund, während es im Selektionscontrolling vor allem auf die Leistung der Recruiter und die Auswahl der richtigen Mitarbeiter im Einstellungsprozess ankommt.[101]

Grundsätzlich können für das Employer-Branding-Controlling zwei Ebenen betrachtet werden, die eng miteinander zusammenhängen: Auf der Ebene des Gesamtkonzeptes von Employer Branding steht die Evaluation des Konzeptes im Vordergrund, das heißt, es soll herausgefunden werden, mit welchen Kosten welcher Nutzen erzielt wurde und wie hoch der Beitrag des Employer Branding zum Unternehmenserfolg ausfällt. Auf der Ebene der konkreten Aktivitäten und Instrumente geht es hingegen um die Überprüfung der Kosten, der Effektivität und der Effizienz von Einzelmaßnahmen.[102]

---

99   Vgl. Wunderer, Schlagenhaufer 1994, S. 49; DGFP 2006, S. 96; Knorr 2004, S. 57; Hanke, Hübner 2010, S. 38.
100 Vgl. DGFP 2006, S. 96.
101 Vgl. Knorr 2004, S. 60 ff.
102 Vgl. DGFP 2006, S. 97.

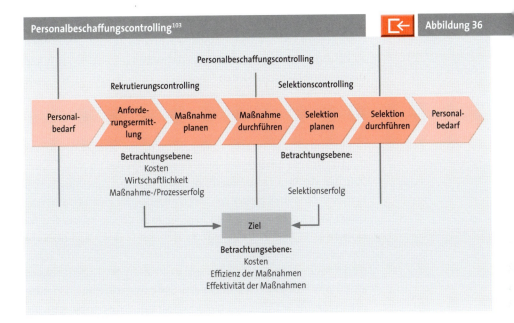

Abbildung 36: Personalbeschaffungscontrolling[103]

Das Employer-Branding-Controlling kann zudem einen wesentlichen Beitrag zur Unterstützung von Managemententscheidungen liefern bei:

- strategischen Entscheidungen, zum Beispiel Positionierung des Unternehmens als attraktiver Arbeitgeber,
- Budgetentscheidungen, zum Beispiel zur Durchführung des Rekrutierungsprozesses,
- Entscheidungen zum Einsatz von Personalressourcen, zum Beispiel bei der Bewerbergewinnung und -auswahl,
- Kommunikationsentscheidungen, zum Beispiel Wahl der Kommunikationsmittel,
- prozessualen und strukturellen Entscheidungen, zum Beispiel Outsourcing.[104]

---

103 Knorr 2004 S. 59.
104 Vgl. Hübner, Hanke 2010, S. 40.

7.3.2 Voraussetzungen

Commitment der Prozessbeteiligten und adäquate Systemstruktur

Um ein erfolgreiches Controlling des Employer Branding einführen zu können, müssen einige Grundvoraussetzungen gegeben sein. Zunächst ist es wichtig, dass die Personalgewinnungsaktivitäten eines Unternehmens zentral gesteuert und koordiniert werden. Die Prozessverantwortung liegt dabei in der Personalabteilung. Wichtig ist eine transparente Vorgehensweise, die stets kommuniziert wird. Das Commitment aller Prozessbeteiligten stellt eine grundsätzliche Bedingung für die Einführung eines Controllings des Employer Branding dar. Weiterhin ist eine zentrale Systemstruktur zur einheitlichen Unterstützung der Prozesse und als Grundlage für einen kontinuierlichen Benchmark erforderlich. Bei der Auswahl des passenden IT-Systems ist es zielführend, wenn der HR- und IT-Bereich gemeinsam die notwendigen Muss-Kriterien aus Prozess-, Strategie- und Infrastruktursicht definieren. Die Ausgangssituation des Unternehmens ist für die Auswahl eines passenden Systems maßgeblich. So können die Größe des Unternehmens, die Anzahl der Bewerbungen, die Komplexität von Prozessen oder das IT-Know-how die Auswahl eines geeigneten Anbieters beeinflussen.[105]

7.3.3 Verbreitung

Geringe Verbreitung in der Praxis

Das Employer-Branding-Controlling ist in der Unternehmenspraxis noch nicht flächendeckend und umfassend verbreitet. So zeigt eine Unternehmensbefragung, die im Jahr 2004 mit 110 Unternehmen durchgeführt wurde, dass 40 Prozent der befragten Firmen nicht die Kosten per Einstellung kennen, und 30 Prozent errechnen keine Durchschnittswerte pro Personalbeschaffungsprozess.[106] Obwohl diese Daten lediglich die Kostenseite beleuchten, bilden sie doch die Grundlage für Wirtschaftlichkeitsbetrachtungen. Bei den prozess- und outputorientierten Daten gestaltet sich die Situation sehr ähnlich. So kennen 62 Prozent der befragten Unternehmen nicht die Eintrittsgründe von Mitarbeitern in das Unternehmen.[107] Würde man diese Daten erheben, könnte man Rückschlüsse auf die Arbeit-

---

105 Vgl. Scholl 2010, S. 32.
106 Vgl. Knorr 2004, S. 75 ff.
107 Vgl. Knorr 2004, S. 85 f.

geberattraktivität sowie auf das Image ziehen. Folgende Häufigkeiten wurden weiterhin festgestellt:

Erhebung input-, prozess- und outputorientierter Daten			Abbildung 37
Wie häufig erheben Sie folgende inputorientierte Daten?	**gar nicht**	**manchmal**	**häufig**
Kosten pro Rekrutierungsinstrument	22 %	33 %	45 %
Kosten für jede Einstellung	41 %	46 %	13 %
Durchschnittliche Kosten Personalbeschaffungsprozess	32 %	47 %	21 %
Kosten der Mitarbeiter Personalbeschaffung	39 %	33 %	28 %
Wie häufig erheben Sie folgende prozessorientierte Daten?	**gar nicht**	**manchmal**	**häufig**
Anzahl bearbeiteter Bewerbungen pro Mitarbeiterstunde	75 %	18 %	6 %
Dauer Eingang Bewerbung bis definitiver Entscheid	34 %	38 %	28 %
Erreichbarkeit und Ansprechbarkeit der zuständigen Mitarbeiter	54 %	28 %	18 %
Qualifikation und Motivation der zuständigen Mitarbeiter	56 %	24 %	20 %
Dauer Beschaffungsvorgang pro Einstellung	34 %	45 %	21 %
Vorstellungsquote (Vorstellungen/Bewerbungen)	37 %	43 %	20 %
Effektivität des Beschaffungsinstruments	29 %	39 %	32 %
Auswertung der Eintrittsgründe	62 %	27 %	12 %
Wie häufig erheben Sie folgende outputorientierte Daten?	**gar nicht**	**manchmal**	**häufig**
Einstellungen pro Beschaffungsweg	33 %	44 %	23 %
Abgänge während der Probezeit	27 %	29 %	45 %
Frühfluktuation (> 1 Jahr)	30 %	31 %	39 %
Zufriedenheit des neuen Mitarbeiters mit der Position	35 %	43 %	22 %
Zufriedenheit des Vorgesetzten mit neuem Mitarbeiter	28 %	27 %	45 %

Diese Situation hat sich nur unwesentlich verändert, obwohl ein Umdenken und die Notwendigkeit für ein stärkeres Kostenbewusstsein eingesetzt haben.

In der Studie „Recruiting Trends 2010" wurde unter anderem das Thema Employer-Branding-Controlling untersucht. Demnach erfassen sechs von zehn Großunternehmen in Deutschland die durchschnittlichen Kosten pro Stellenanzeige sowie die Informationskanäle, über die ihre Zielgruppen auf sie aufmerksam wurden. Über 50 Pro-

---

108 In Anlehnung an Knorr 2004, S. 84 ff.

zent der befragten Unternehmen dokumentieren die Gehaltswünsche der Bewerber, und knapp jedes zweite Unternehmen misst außerdem die „Time to hire".[109] Hierunter versteht man allgemein die durchschnittliche Zeit zwischen der Identifikation einer Vakanz und ihrer Besetzung.[110] Obwohl in der Umfrage 2010 bereits einige Unternehmen mittels Kennzahlen ein Controlling von Employer-Branding-Aktivitäten durchführten, besteht dennoch ein großer Bedarf an einem umfassenden Controllingsystem. Häufig können selbst quantitative Kennzahlen von Unternehmen nur geschätzt werden, da keine entsprechenden Softwaresysteme im Einsatz sind.[111] Die Mitgliedsunternehmen des Quality Employer Branding e. V.[112] haben dieses Problem aufgegriffen und innerhalb des Arbeitskreises Personalmarketing-Controlling erste Schritte in Richtung eines einheitlichen Controllings von Employer-Branding-Aktivitäten unternommen.

7.4 Konzeption und Entwicklung eines Controlling-Standards für das Employer Branding

7.4.1 Der Arbeitskreis „HR-Marketing- und Recruiting-Controlling" des Queb e. V.

Aufgrund der Problematik und der Fragestellungen, die auch Gegenstand dieses Buches sind, hat der Quality Employer Branding e. V. im Rahmen eines seiner Arbeitskreise einen Vorschlag entwickelt, wie man die Prozesse und Wirkungen des Employer Branding kennzahlenbasiert steuern kann.[113]

Als erster Schritt in Richtung eines gemeinsamen Controlling-Standards wurde vom Arbeitskreis HR-Marketing- und Recruiting-

---

109 Vgl. Eckhardt et al. 2010, S. 8.
110 Vgl. Riecke 2010, S. 42.
111 Vgl. Völke, Faber 2008, S. 23.
112 Der Queb e.V., der als „dapm – ,der arbeitskreis personal marketing'" 2001 gegründet wurde und seit dem 01.01.2011 unter dem Namen „Quality Employer Branding e.V." geführt wird, ist ein Zusammenschluss von Personalmarketingvertretern von derzeit 43 großen Unternehmen. Der Queb e.V. versteht sich selbst als „Kompetenznetzwerk für innovatives Employer Branding" (http://www.queb.org/queb_profil, Stand: 12.07.2011) und hat unter anderem die Förderung des Austausches von Erfahrungen im Bereich Personalmarketing zum Ziel.
113 Vgl. Quenzler, Schuler 2011, S. 28 f.

Controlling im Oktober 2009 eine Mitgliederbefragung zum Thema „KPIs im HR-Marketing und Recruiting" bei den damals 41 Mitgliedsunternehmen durchgeführt.

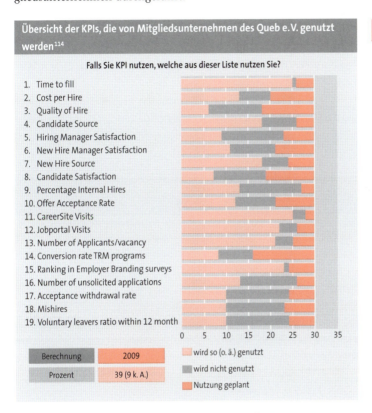

Abbildung 38: Übersicht der KPIs, die von Mitgliedsunternehmen des Queb e.V. genutzt werden[114]

Die Frage, ob die richtigen Messgrößen innerhalb des Standards verwendet werden, blieb in der Studie jedoch noch offen. Um dies zu klären, wurde im nächsten Schritt eine detaillierte Wirkungsanalyse erarbeitet.[115]

Die Wirkungsanalyse hat das Ziel, diejenigen 20 bis 40 Faktoren verlässlich zu identifizieren, deren Zusammenwirken mehr als 80 Prozent der Funktionsweise des HR-Marketings erklärt. In einem

---

114 Vgl. dapm e.V. 2010 a.
115 Vgl. dapm e.V. 2010 b.

intensiven Arbeitsprozess mit iterativer, qualitativer Vorgehensweise konnten dabei 32 Faktoren benannt werden, die Einfluss auf die Funktionsfähigkeit des HR-Marketings und Recruitings haben. Die Faktoren wurden anschließend hinsichtlich ihrer Einflussnahme auf das HR-Marketing sowie ihrer Beeinflussung durch das HR-Marketing bewertet. In einem weiteren Schritt wurden außerdem die Beziehungen der einzelnen Faktoren untereinander in einem Wirkungsgefüge dargestellt.[116]

Die 32 identifizierten Faktoren werden in den Abbildungen 39 und 40 nach ihrer Wirkung auf das HR-Marketing (aktive Beeinflussung) und ihrer Beeinflussung aus dem HR-Marketing (passive Beeinflussung) dargestellt.

Abbildung 39: Relevante Faktoren für das Wirkungsgefüge HR-Marketing und ihre Einflussstärken (1–16) [117]

---

116 Vgl. dapm e.V. 2010 b.
117 dapm e.V. 2010 b.

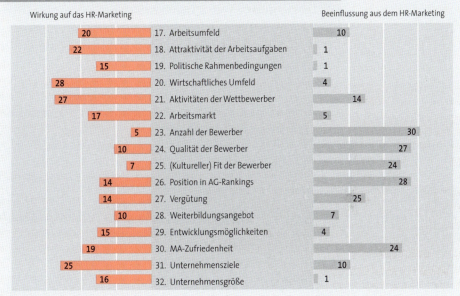

Abbildung 40: Relevante Faktoren für das Wirkungsgefüge HR-Marketing und ihre Einflussstärken (17–32)[118]

Aus der in mehreren Sitzungen intensiv diskutierten und abgestimmten Klassifizierung der verschiedenen Faktoren der Wirkungsanalyse ist ein Wirkungsgefüge erstellt worden. Das Modell bildet die Zusammenhänge zwischen den verschiedenen Faktoren ab und zeigt, wie diese aufeinander wirken. Mithilfe des Wirkungsgefüges ist es möglich zu simulieren, wie das HR-Marketing bei bewusst gesteuerten Interventionen und bei Einflüssen aus der Umwelt reagiert.[119]

Nach Abschluss der Wirkungsanalyse erfolgte ein Abgleich der gewonnenen Erkenntnisse mit den Ergebnissen aus der Unternehmensbefragung.

Zum Schluss wurden die Kennzahlendefinitionen optimiert. Die Promerit AG, ein mittelständisches HR-Beratungsunternehmen mit Spezialisierung auf das Thema Talentmanagement, unterstützte den

---

118 dapm e. V. 2010 b.
119 Vgl. dapm e. V. 2010 b.

Arbeitskreis bei diesem Vorhaben. So entstand ein Fachkonzept, das alle relevanten Kennzahlen exakt beschreibt. Dieses Fachkonzept beinhaltet neben der ausführlichen Definition der Kennzahlen auch deren Berechnungsformel. Weiterhin enthält es Angaben, für welche Unternehmen die Verwendung der Messgröße geeignet sein kann (siehe Abbildung 41).[120]

Abbildung 41 Ausschnitt aus dem Fachkonzept am Beispiel der Kennzahl „Average Time to Fill"[121]

KPI: Name – Beispiel: „Average Time to Fill"	
Description	Verbale Beschreibung der Kennzahl, um ein einheitliches Verständnis über alle Unternehmen zu erlangen.
	Beispiel: Average number of calendar days between the date an approved requisition ("official order" with approved position) is received by the recruiting department to offer acceptance (documented acceptance (verbal or written)) by internal and external hires.
Formula	Formel zur Berechnung der Kennzahl
	Beispiel: # Total Calendar Days to Fill/# Total Offers Accepted
Application	Nicht jede Kennzahl ist für alle Unternehmen gleich geeignet. Dies hängt unter anderem von den unternehmensspezifischen Eigenschaften sowie von den internen Prioritäten und Prozessen ab. Daher wird hier erläutert, für welche Unternehmen die Anwendung der Kennzahl relevant sein kann und warum.
	Beispiel: This ratio is a potential indicator of the effectiveness and efficiency of the recruitment function. It is therefore most useful for organizations that wish to measure the efficiency and timelines of their recruiting processes. It will be more useful for those that have a high proportion of hires that are needed to fill near-term as opposed to long-term requisitions.
Limitations	Bei der Analyse und Interpretation der Kennzahl sind Grenzen zu beachten. Hier wird dargelegt, welche Informationen man nicht durch diese Kennzahl erhält und welche Aussagen daher nicht getroffen werden können.
	Beispiel: This metric is influenced by the labor market, industry and location. Average Time to Fill does not take into account the mix of requisitions that need to be filled short term versus long term. This metric does not calculate the time until a headcount is granted. Average Time to Fill ignores possible delays in the full recruiting cycle caused by the elapsed time between offer acceptance and actual start date. It does not speak to the quality of hires or the cost of the recruitment process. Also, it does not measure any aspect of the volume of candidates flowing through the recruiting process.
Related Measures	Um die Kennzahlen jeweils aussagekräftig zu analysieren, sollte die Kennzahl immer im Zusammenhang mit anderen Kennzahlen interpretiert werden. Je nach individuellem Fall sollte die untersuchte Kennzahl mit den zugehörigen Kennzahlen kombiniert werden. Denn nur die Kombination verschiedener Kennzahlen, die in engem Zusammenhang zueinander stehen, erlaubt Rückschlüsse und ermöglicht die Ableitung konkreter unternehmensspezifischer Maßnahmen für Personalmarketing und Recruiting. Es werden hier nur die zugehörigen Kennzahlen aus Phase 1 und auch aus Phase 2 aufgeführt, die im dapm-Standard definiert wurden. Es kann aber durchaus auch sinnvoll sein, die Kennzahlen mit anderen unternehmensspezifischen Kennzahlen zu kombinieren.
	Beispiel: External New Hire Source, Interview Ratio, Candidate Ratio, External Candidate Source, Hiring Manager Satisfaction, New Hire Satisfaction, Average Cost per Hire, Offer Acceptance Rate, HR Recruiting and HR Employer Branding FTE Ratio, Acceptance Withdrawal Rate ("no shows").

---

120 Vgl. dapm e. V. 2010 c.
121 Vgl. dapm e. V. 2010 b, S. 12.

7.4.2 Kennzahlen für das Employer Branding

Die folgenden zehn Kennzahlen sind in einer ersten Stufe definiert worden, um in einer Pilotphase die kennzahlenbasierte Steuerung der Employer-Branding-Aktivitäten eines Unternehmens standardisiert zu ermöglichen:[122]

- Kennzahl zum Recruiting-Prozess und zum HR-Marketing
  - Candidate Satisfaction gibt mittels eines Fragebogens Aufschluss über die Zufriedenheit der Bewerber mit dem Recruiting-Verfahren und den angewandten Methoden des Personalmarketings

- Kennzahlen zum Recruiting-Prozess
  - Average Time to Fill gibt Aufschluss über die durchschnittliche Dauer einer offenen Stellenbesetzung in Kalendertagen
  - Interview Ratio beziffert die durchschnittliche Anzahl der durchgeführten Interviews zur Besetzung einer vakanten Stelle
  - Mishire Rate within 12 Months zeigt die Anzahl der Mitarbeiter, die innerhalb der ersten zwölf Monate nach Aufnahme ihrer Beschäftigung das Unternehmen wieder verlassen haben
  - Hiring Manager Satisfaction stellt die Zufriedenheit der einstellenden Führungskräfte mit dem Rekrutierungsprozess dar
  - New Hire Satisfaction zielt auf die Zufriedenheit der Mitarbeiter ab, die neu eingestellt wurden und den Recruiting-Prozess zuvor durchlaufen haben

- Kennzahlen zum HR-Marketing
  - Candidate per Offer Accepted ermittelt die Anzahl der erhaltenen Bewerbungen im Verhältnis zu den angenommenen Stellenangeboten
  - Conversion Rate (TRM) Programs zeigt, wie viele Mitarbeiter aus Talent-Relationship-Managementprogrammen im Vergleich zur Gesamtzahl an TRM-Teilnehmern eingestellt worden sind

---

[122] Vgl. Quenzler, Schuler 2011, S. 29; dapm e.V. 2010 c, S. 5.

- External Candidate Source gibt Aufschluss, durch welche Kanäle des HR-Marketings die Bewerber auf die vakante Stelle aufmerksam geworden sind
- External New Hire Source zielt ebenfalls auf die verschiedenen Personalmarketing-Kanäle ab, berücksichtigt allerdings anstelle der gesamten Kandidaten nur die tatsächlich eingestellten Mitarbeiter

Um sich Schritt für Schritt einem umfassenden Employer Branding Controlling zu nähern, sind in Phase 2 folgende Messgrößen geplant:

Messgrößen der Phase 2[123]	
Zuordnung	Messgröße
Recruiting-Prozess	1. Average Cost per Hire 2. Acceptance Withdrawal Rate („no shows")
Recruiting-Prozess und HR-Marketing	3. Offer Acceptance Rate 4. Quality of Hire 5. Interviewee Ratio
HR-Marketing	6. Career Site Visits 7. Jobportal Visits 8. Number of Unsolicited Applications
Organisation	9. HR Recruiting and Employer Branding FTE Ratio

7.4.3 Mögliche Integration in Steuerungssysteme

Das „Queb-Dashboard" als ein mögliches Steuerungssystem zeigt auf, wie mit diesen Kennzahlen operativ gearbeitet werden kann. Es beinhaltet einen Navigations- und einen Contentbereich (siehe Abbildung 43).[124]

---

123 Vgl. dapm e. V. 2010 c, S. 5.
124 Vgl. dapm e. V. 2010 d.

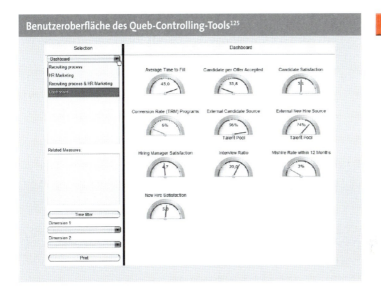

Abbildung 43

Benutzeroberfläche des Queb-Controlling-Tools[125]

Dashboard-Logik nutzen

Im Navigationsbereich kann unter dem Punkt „Selection" zunächst eine Kennzahlenkategorie (Recruiting-Prozess, HR-Marketing und Recruiting-Prozess und HR-Marketing) ausgewählt werden. Wird „Dashboard" angeklickt, erfolgt eine Anzeige aller vorhandenen Messgrößen im Überblick. Im Bereich „Related Measures" werden bei der direkten Auswahl einer Kennzahl die verwandten Messgrößen abgebildet. Mittels des „Time filter" ist es möglich, nach bestimmten Zeitperioden zu selektieren. Um auf einen Blick ihren aktuellen Stand erfassen zu können, werden alle Kennzahlenwerte im Dashboard in Form eines Tachometers dargestellt (siehe Abbildung 43). Weist ein Zeiger dabei in einen rot gefärbten Bereich der Skala („Critical Range"), so signalisiert dieser Kennzahlwert gegebenenfalls Handlungsbedarf. Sowohl der kritische Bereich als auch der Zielbereich sind im Vorfeld vom Unternehmen mit entsprechenden Werten zu definieren. Optional können auch Toleranzbereiche („Tolerance Range") festgelegt werden.

Die Detailansicht einer bestimmten Kennzahl lässt sich über die Navigationsleiste oder mit einem Klick auf die entsprechende KPI im

---

125 Vgl. dapm e. V. 2010 d.

Dashboard aufrufen. Zudem können die Dimensionen ausgewählt werden, nach denen die Auswertung der Messgröße erfolgen soll. Neben der Auswertung nach einer gewählten Dimension ist auch eine Kombination mit einer weiteren Dimension möglich. Dadurch können die Veränderungen der Werte im Zeitablauf betrachtet werden.

Abbildung 44 zeigt am Beispiel der Kennzahl „Average Time to Fill" die Detailansicht, ausgewählt nach den Dimensionen „Time" und „Candidate Type".

Abbildung 44 **Detailansicht am Beispiel „Average Time to Fill"**[126]

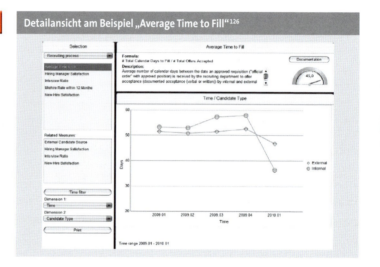

7.5 Fazit

Derzeit finden sich in der Literatur nur wenige Ansätze für ein umfassendes Employer-Branding-Controlling. Zum Teil wird empfohlen, dass jedes Unternehmen Kennzahlen entwickelt, die an seine Unternehmensstrategie angelehnt sind.[127] Eine allgemeingültige, standardisierte Vorgehensweise ist jedoch noch nicht entwickelt. Komplexe Kennzahlensysteme oder auch Softwarelösungen finden

---

126 Vgl. dapm e. V. 2010 d.
127 Vgl. Stotz, Wedel 2009, S. 223 ff., Hanke, Hübner 2010, S. 45.

im Employer-Branding-Controlling nur in einigen wenigen Unternehmen Anwendung, da jedes Unternehmen für sich seine Kennzahlen selbst sinnvoll definiert. In der Praxis wird jedoch vermehrt die Balanced Scorecard eingesetzt.

Für die Unternehmen besteht die Herausforderung darin, dass sie ihre Kennzahlen selbst definieren und in ein Kennzahlensystem stellen müssen. Da es hierzu jedoch wenig Hilfestellung gibt, zögern viele Unternehmen noch, ein Employer-Branding-Controlling einzuführen und nachhaltig durchzuführen. Dies hat seine Ursachen unter anderem auch darin, dass die Bedeutung des Employer Branding erst in den letzten Jahren zugenommen hat, die Aktivitäten innerhalb des Employer Branding nur schwer zu quantifizieren sind und noch keine Konzepte für ein standardisiertes und möglichst universal einsetzbares Controlling entwickelt worden sind.

Insofern findet dabei das Spezialgebiet Employer-Branding-Controlling in der Unternehmenspraxis weitgehend noch keine standardisierte Anwendung. Deshalb ist in diesem Kapitel als ein mögliches Controllinginstrument der Queb Controlling-Standard vorgestellt worden, den Unternehmen zur Planung, Steuerung und Kontrolle ihrer Aktivitäten in diesem Bereich einsetzen können.

Durch die in einem aufwendigen interaktiven und abgestimmten Prozess definierten KPIs sowie unter Zuhilfenahme des Fach- und des technischen Konzeptes können die Voraussetzungen in Unternehmen geschaffen werden, die vorliegenden Informationen zu verdichten, zu standardisieren und damit branchenübergreifend vergleichbar zu machen.

Dieses ambitionierte Projekt befindet sich noch in der Pilotierungsphase. Es bleibt abzuwarten, wie die Unternehmen die erarbeiteten Konzepte in der Praxis umsetzen und ob sich ein einheitlicher Queb-Controlling-Standard durchsetzen wird. Das große Interesse seitens der Fachwelt und der Unternehmen deutet darauf hin.[128]

---

128 Vgl. Quenzler, Schuler 2011, S. 30.

8 Akteure und Strukturen – Employer Branding organisieren
(Anja Seng, Sascha Armutat)

In diesem Kapitel wird der Frage nachgegangen, welche Akteure am Employer Branding mitwirken und welche Form der organisatorischen Einbindung gewählt werden muss, um den beschriebenen Ansatz eines Employer Branding optimal umzusetzen.

8.1 Akteure und Schnittstellen des Employer Branding im Überblick

Bevor man Überlegungen anstellt, in welcher Form Employer Branding zu organisieren ist, stellt sich zunächst die Frage, welche Rolle Employer Branding in der gesamtunternehmerischen bzw. Stakeholder-orientierten Betrachtung überhaupt spielt. Freemann beschreibt in einer allgemein akzeptierten Definition, dass es sich bei Stakeholdern um „any group or individual who can affect or is affected by the achievement of an organization's purpose"[129] handelt. Die Gruppe der (potenziellen) Mitarbeiter ist in diesem Sinne neben Kunden, Wettbewerbern, Investoren etc. ein relevanter Stakeholder des Unternehmens; Employer Branding zahlt somit unmittelbar auf das Corporate Branding mit ein.[130]

So scheint auch die Frage nach den Akteuren des Employer Branding schnell beantwortet: Alle Mitarbeiter eines Unternehmens machen Employer Branding – jeder einzelne ist Botschafter der Arbeitgebermarke und arbeitet daran mit, dass das Unternehmen interessant für Bewerber und attraktiv für die Kollegen ist.[131]

Stakeholder des Employer Branding

---

129 Freemann 1984, S. 25.
130 Vgl. Fiedler, Kirchgeorg 2007: The Role Concept in Corporate Branding and Stakeholder Management Reconsidered: Are Stakeholder Groups Really Different? In: Corporate Reputation Review, (2007) Heft 10, S. 177–188, abrufbar unter: http://www.palgrave-journals.com/crr/journal/v10/n3/full/1550050a.html#bib20 (Stand: 25.08.2011).
131 Terpitz (2008): Mitarbeiter als Markenbotschafter. In: Handelsblatt (online am 06.06.2008), verfügbar unter: http://www.handelsblatt.com/karriere/nachrichten/mitarbeiter-als-markenbotschafter/2967600.html?p2967600=all (Stand: 25.08.2011).

Die vermeintliche Einfachheit dieser Aussage ist jedoch trügerisch: Die Tatsache, dass alle Mitarbeiter als Markenbotschafter einzubinden sind, bedeutet nicht nur ein enormes Potenzial für das Unternehmen, sondern auch eine große Hypothek. Denn all diese Mitarbeiter müssen die Employer Brand – quasi implizit – zunächst für sich selbst verarbeiten und für ihr eigenes Engagement im Unternehmen nutzen können. Im nächsten Schritt müssen sie explizit in die Lage versetzt werden, sie an Dritte zu vermitteln – gewissermaßen durch eine mitarbeiterorientierte Operationalisierung der Arbeitgebermarke.

Hinsichtlich der aktiven Mitgestaltung der Employer Brand lassen sich bestimmte Gruppen von Akteuren im Unternehmen voneinander unterscheiden:

- Die Mitglieder der Unternehmensleitung bestimmen die Arbeitgebermarke und repräsentieren das Unternehmen als Arbeitgeber im politisch-gesellschaftlichen Kontext. Das gilt insbesondere für den Repräsentanten des Personalmanagements in der Unternehmensleitung.
- Die Employer-Branding-Manager sind die konzeptionellen Gestalter des Employer Branding. Strategisch beschäftigen sie sich mit der Bildung und der Entwicklung der Arbeitgebermarke. Dazu arbeiten sie eng mit Unternehmenskommunikation und IT zusammen. Operativ beschäftigen sie sich mit der attraktiven Gestaltung des Produkts „Arbeit" und „Unternehmen als Arbeitgeber", indem sie beratend die Arbeit des Personalmanagements unterstützen. Vor allem beschäftigen sie sich mit der zielgruppen- und bedarfsspezifischen Platzierung ihres Produkts auf dem externen und internen Arbeitsmarkt. Dabei arbeiten sie eng mit den Linienführungskräften zusammen.
- Die Linienführungskräfte übertragen die Arbeitgebermarke auf ihr Führungshandeln und beeinflussen so das Bild, das Mitarbeiter und Bewerber vom Arbeitgeber bekommen. Sie sind die zentralen Markenbotschafter. Das Employer Branding begleitet die Führungskräfte, indem es für markenkonforme Rekrutierungstools sorgt und Anlässe schafft, bei denen die Führungskräfte als Markenbotschafter aktiv werden können.

Neben den drei Akteursgruppen, die die Wirksamkeit der Arbeitgebermarke innerhalb und außerhalb des Unternehmens gewährleisten, finden sich viele interne Schnittstellen zu unterschiedlichen Funktionen, die zur Entwicklung, Ausgestaltung und operativen Umsetzung der Employer Brand beitragen. Eine Studie von Universum Communications (2005) zeigt, welche Abteilungen am häufigsten beim Employer Branding eingebunden werden (siehe Abbildung 45).

Interne und externe Schnittstellen dominieren das Employer Branding

Abbildung 45: Häufigkeitsverteilung der Beteiligung unterschiedlicher Abteilungen am Employer Branding[132]

In diesem Kontext werden als wesentliche Schnittstellen die Bereiche Personalmanagement, Unternehmenskommunikation und IT diskutiert. Die Informationstechnologie wird in der oben genannten Studie zwar nicht gesondert erwähnt, ist aber gerade im Zusammenhang mit dem aktuellen Kommunikationsverhalten und der zunehmenden Relevanz von Web 2.0 und Social Media bedeutend für das Employer Branding von heute.

Schnittstellen zu Personalmanagement, Unternehmenskommunikation und IT

Die Unternehmenskommunikation – auch auszudifferenzieren nach Corporate Branding, externer Kommunikation („Presse") und interner Kommunikation – stellt eine wesentliche Schnittstelle für die Ausgestaltung der Employer Brand dar, da beide Bereiche die For-

---

132 Universum Communications 2005, S. 102.

mung einer attraktiven Corporate bzw. Employer Brand zum Ziel haben.[133]

Verzahnung mit Corporate Design und Markenführung

Die Entwicklung und Führung der Arbeitgebermarke erfordert neben der unternehmensstrategischen Ausrichtung eine enge Verzahnung mit dem Corporate Design und mit gegebenen Branding-Richtlinien. Die Aufbereitung der Botschaften, die Zielgruppen und Sendekanäle der Personalkommunikation sind mit den Inhalten der Unternehmenskommunikation abzustimmen, um ein konsistentes Bild und stimmige, sich ergänzende Nachrichten am Markt zu platzieren. So können bestmöglich Synergien aus der Positionierung gegenüber den verschiedenen Stakeholdern des gesamten Unternehmens gewonnen werden. Auf operativer Ebene finden sich eine gemeinsame Realisierung der Mediaplanung und -schaltung, Abstimmung bei der gezielten Platzierung redaktioneller Beiträge und gemeinsame Auftritte bei Fachmessen oder Promotions.

Employer Branding wie Unternehmenskommunikation stellen sich aktuell den Herausforderungen von Web 2.0. Daraus ergeben sich neue Fragen: Wer hat eine Sprecherlaubnis für welche Themen? Welche Informationen dürfen Mitarbeiter über den Arbeitgeber in Social Networks einstellen? Wo handelt es sich um Unternehmensinteressen, und ab wann überschreitet das Unternehmen die Grenze zur Privatsphäre? Eine übergreifende Web-2.0-Guideline könnte eine eindeutige Orientierung für Unternehmen, Mitarbeiter und auch Employer Branding schaffen.

Mit Blick auf die interne Zielgruppe steht die Aufbereitung der Employer Brand für aktuelle Mitarbeiter im Fokus. Beispielhaft seien die Themen Work-Life-Balance und Beruf & Karriere genannt, die sowohl am externen Markt wie auch in der Belegschaft hohe Relevanz, Motivations- und Bindungspotenzial haben. Die externe Kommunikation in diesem Kontext kann nur dann glaubhaft sein, wenn sie interne Realität widerspiegelt – die notwendige Schnittstellengestaltung ist evident.

Verzahnung mit strategischen HR-Themen

Die Nähe zum Personalmanagement ergibt sich aus der Zielsetzung des Employer Branding – der langfristigen Positionierung

---

133   Sponheuer 2010, S. 13.

der Arbeitgebermarke auf dem Arbeitsmarkt. So seien beispielhaft die strategischen Themenstellungen wie Unternehmenskultur, Demografiemanagement und Personalplanung zu nennen, die wesentliche Rahmenbedingungen für die Entwicklung der Employer Value Proposition (EVP) bereitstellen.[134] Talentmanagement, Personalentwicklung und Health-Care-Management bieten relevante Ansatzpunkte zur Prüfung des geleisteten Arbeitgeberversprechens. Ähnliches gilt für den „Realitätscheck" der Anreizsysteme, des Personaleinsatzes und der individuellen Förderung. Und als wohl häufigste Schnittstelle – vielfach (leider) auch noch immer gleichgesetzt – ist das Recruiting zu nennen. Hier treffen interne und externe Sicht aufeinander: Der externe Kandidat erhält die „erste Visitenkarte" des Unternehmens. An dieser Stelle gilt es also ganz besonders – im Sinne der Arbeitgebermarke – auf das angestrebte Image „einzuzahlen" und als Unternehmen einen guten Eindruck beim Kandidaten zu hinterlassen.

Mit Blick auf die zunehmende Relevanz der Online-Kommunikation – Internet als mittlerweile wichtigster Informationskanal[135] – sowie eine zunehmende Prozessorientierung in den Unternehmen ist auch der Bereich der Informationstechnologie als eine wichtige Schnittstelle zum Employer Branding zu bewerten. So ist beispielsweise der Internet-Karriereauftritt auf der Unternehmenswebsite sowie gegebenenfalls in Social-Media-Kanälen technisch abzubilden und ansprechend zu gestalten, denn nach einer amerikanischen Studie ist die „Corporate Website [...] das Aushängeschild eines Unternehmens. [...] Web-Statistiken zeigen, dass der Karrierebereich (Human Resources, HR) das am häufigsten besuchte Informationsangebot ist, gefolgt von Investor Relations und den allgemeinen Unternehmensinformationen (‚About us')."[136] Ein guter Auftritt auf den Karriereseiten stellt demnach sogar die Voraussetzung für einen guten Auftritt des Gesamtunternehmens im Netz dar. Weiterhin gilt es, Prozesse beispielsweise über elektronische Bewerberma-

Verzahnung mit dem Web-Auftritt und Social Media

---

134 Vgl. Polomski 2005.
135 Laut Ergebnis einer MSN-Studie zur Suche im Internet: http://www.at-web.de/blog/20050803/msn-studie-zur-suche-im-internet.htm (Stand: 25.08.2011).
136 Lange, Behrens, Greiten 2010, S. 104.

nagementsysteme zu optimieren und mit Schnittstellen zu externen Kommunikationsplattformen und zu internen Qualifikationsmanagementsystemen einzurichten. Und schließlich kann die IT durch intelligente Verknüpfung der bestehenden Systeme aussagekräftige Kennziffern abbilden und in Controllinginstrumente für das Employer Branding überführen.

Wenn man die verschiedenen Akteure und skizzierten Schnittstellen betrachtet, wird bereits deutlich, dass die organisatorische Eingliederung des Employer Branding durchaus eine Herausforderung darstellt.

8.2 Möglichkeiten der Organisation

Das Employer Branding umfasst – wie oben skizziert – unterschiedlichste Aufgaben, beschäftigt verschiedene Akteure und bedient zahlreiche Schnittstellen. Employer Branding kann somit auch in unterschiedlicher Form in der Organisationsstruktur verortet sein.

Um die Aufgaben von Markendefinition, Markenführung und Implementierung (bzw. Personalmarketing-Aktivitäten) organisatorisch stimmig zuzuordnen, stellt sich zunächst die Frage nach zentraler oder dezentraler Zuordnung der Themenstellungen:

Zentral gesteuertes Employer Branding
- Das Employer Branding kann komplett zentral bearbeitet werden. Die Arbeitgebermarke kann stringent und aus einem Guss geführt werden. In der Regel können so eine unmittelbare Nähe zur Unternehmensleitung hergestellt und die notwendige strategische Aufmerksamkeit sichergestellt werden. Eine konsistente Entwicklung und die Pflege der Employer Brand in enger Abstimmung mit den Schnittstellen Unternehmenskommunikation, Personalmanagement und IT sind gewährleistet. Nachteilig stellt sich die (organisatorisch bedingte) Entfernung zur operativen Umsetzung dar. Eine zentrale Einheit ist möglicherweise – abhängig von der Unternehmensgröße – eher entfernt vom operativen Personalbedarf. Sie hat gegebenenfalls keinen eigenen Rekrutierungsbedarf, sondern fokussiert auf das Marketing. Hier gilt es zu beachten, dass das strategische Employer Branding die operativen Notwendigkeiten bestmöglich aufgreift und

unterstützt. Der direkte Kontakt zur Zielgruppe mit Informationen über deren Bedürfnisse „vor Ort" dürfte fehlen, wodurch die angestrebte „Arbeitgebermarke" im ungünstigsten Fall als rein strategisches Konzept existiert.

- Alternativ kann das Employer Branding komplett dezentral bearbeitet werden, wodurch die skizzierten Nachteile entfielen – die operative Nähe wäre gewährleistet. Andererseits fehlt unter Umständen der strategische Impact aufgrund der Entfernung zu relevanten Entscheidungsträgern in der Unternehmensspitze.

Dezentrale Organisation des Employer Branding

- Eine Hybrid-Form ermöglicht eine Realisierung der jeweiligen Vorteile unter bestmöglicher Vermeidung der entsprechenden Nachteile. Markendefinition und -führung finden zentral statt und erwirken somit die nötige strategische Präsenz und enge Kooperation zu den in Kapitel 8.1 genannten Schnittstellen. Die Umsetzung der Aktivitäten erfolgt jedoch dezentral, das heißt vor Ort und bedarfsorientiert. Übertragen auf die verbreiteten Konzernstrukturen würde dies bedeuten, dass die Entwicklung der Arbeitgebermarke in der Holding, die Umsetzung hingegen in den Konzerngesellschaften erfolgt. In diesem Modell besteht die Herausforderung im Wesentlichen darin, einen kontinuierlichen Transfer zwischen der strategischen Ausarbeitung und der operativen Umsetzung herzustellen.

Mischformen

Mit Blick auf die organisatorische Aufstellung des Employer Branding zeigt sich analog zum Personalmarketing, dass in der Mehrzahl der kleinen und mittleren Unternehmen häufig ein Mitarbeiter des Personalmanagements in Nebenfunktion für das Employer Branding verantwortlich ist. Je größer das Unternehmen, desto häufiger finden sich ein oder mehrere Mitarbeiter (bzw. Stellen), die sich auf Aufgaben des Personalmarketings und des Employer Branding konzentrieren (können).[137] In Großunternehmen sind zunehmend eigene Abteilungen für Personalmarketing oder Employer Branding etabliert. Im Hinblick auf größere verfügbare Ressourcen, aber auch die zuneh-

Employer Branding in Hauptfunktion

---

[137] Vgl. DGFP e.V. (Hg.): Personalmarketing – ein unterschätzter Erfolgsfaktor. Praxis-Papier 8/2004. S. 13 f. Verfügbar unter: http://www.dgfp.de/wissen/praxispapiere (Stand: 25.08.2011).

mende Komplexität der Schnittstellenorganisation ist die skizzierte organisatorische Einbindung in Form eigenständiger Einheiten in Abhängigkeit von der Unternehmensgröße nachvollziehbar.

Zuordnung zum Personalmanagement wünschenswert, zu anderen Unternehmensfunktionen (Marketing, Kommunikation) möglich

In der Regel besteht bislang in der Unternehmensrealität eine strukturelle Zuordnung der Employer-Branding-Funktion zum Personalmanagement bzw. zu thematisch nahen Teilfunktionen, vor allem zur Rekrutierung oder zur Personalentwicklung.[138] Dies sind gängige Organisationsmuster, die in vielen Unternehmen praktiziert werden. In der Praxis gibt es daneben – wenn auch selten – eine organisatorische Anbindung an das zentrale Marketing oder an die Unternehmenskommunikation, was mit Blick auf die in Kapitel 8.1 skizzierten Schnittstellen in manchen Unternehmen ebenfalls eine adäquate Zuordnung sein kann. Die skizzierten Aufgaben des Employer Branding machen deutlich, dass eine inhaltliche Nähe zur Unternehmenskommunikation besteht und daraus auch eine organisatorische Einordnung ableitbar ist.

Einflussfaktoren für die Organisationswahl: Unternehmensgröße, Vorerfahrungen und Akzeptanz des Personalmanagements

Welche der organisatorischen Lösungen im Einzelfall umgesetzt und wie sie ausgestaltet wird, hängt von verschiedenen Faktoren ab. Die bestehende Unternehmensstruktur spielt hier genauso eine Rolle wie die Unternehmensgröße, die Marktorientierung, die Stellung von Personalmanagement und Unternehmenskommunikation im Unternehmen sowie die Vorerfahrungen, die mit einzelnen Employer-Branding-Instrumenten gemacht worden sind. Generell gilt jedoch:

- Die organisatorische Nähe des Employer Branding zum „ranghöchsten" Personalmanager des Unternehmens sowie zu Entscheidungsträgern der Unternehmenskommunikation entscheidet über die Stoßkraft, welche die Aktivitäten des Employer Branding entfalten können.
- Die Organisation muss ein proaktives Handeln des Employer Branding fördern, um sich wettbewerbsorientiert auf dem Arbeitsmarkt positionieren zu können.
- Die Organisation des Employer Branding muss ein flexibles Reagieren auf unterschiedliche konjunkturelle Phasen unterstützen.

---

138   Ebd.

9 Employer Branding im Mittelstand
(Anja Seng)

Der Mittelstand bildet das Rückgrat der deutschen Wirtschaft. Laut dem Institut für Mittelstandsforschung in Bonn gehörten 99,7 Prozent der deutschen Unternehmen 2009 zu den Klein- bzw. Mittelstandsunternehmen, die 38,9 Prozent aller Umsätze erwirtschafteten. Auf sie entfielen 79,5 Prozent der sozialversicherungspflichtig Beschäftigten in der deutschen Wirtschaft – Auszubildende eingerechnet. Doch gerade die Stützen der Gesamtwirtschaft haben mit dem voranschreitenden demografischen Wandel zu kämpfen.[139] Daraus leitet sich ein großer Bedarf ab, systematisches Employer Branding zu betreiben, um im neuen War for Talents mithalten zu können.

9.1 Talentrekrutierung erfordert Employer Branding

Das steigende Durchschnittsalter der Bevölkerung, die sinkende Zahl der Erwerbstätigen und die sich schnell ändernden Anforderungen an die Qualifikationen der Mitarbeiter führen zu dem viel diskutierten Fachkräftemangel. In Zeiten, in denen Industriegiganten wie Siemens, Bosch und Audi bereits Probleme bei der Suche nach qualifizierten Ingenieuren haben, trifft dies erst recht auf mittelständische Unternehmen zu. Zusätzlich kommt bei inhabergeführten kleinen und mittelständischen Unternehmen die Nachfolgeproblematik hinzu, zumal viele Chefs von inhabergeführten Firmen älter als 65 Jahre sind.[140] Finden sie keine passende Nachfolge, bedeutet dies das Aus für die Betriebe.[141]

Für Unternehmen gilt es, in diesem Kontext eine Strategie zur erfolgreichen Gewinnung, Entwicklung und Bindung von qualifizierten Mitarbeitern bzw. Talenten zu entwickeln. Ein Großteil der

Herausforderung: Gewinnung und Bindung von Talenten

---

139 Vgl. Institut für Mittelstandsforschung 2011: http://www.ifm-bonn.org/index.php?id=855 (Stand: 28.08.2011).
140 Vgl. Institut für Mittelstandsforschung 2011: http://www.ifm-bonn.org/index.php?id=855 (Stand: 07.02.2011).
141 Vgl. Manager-Magazin 2007: http://www.manager-magazin.de/unternehmen/karriere/0,2828,484505,00.html (Stand: 07.02.2011).

Unternehmen hat dies erkannt, aber noch nicht umgesetzt. In einer Studie von Compamedia geben 86 Prozent der Mittelständler an, das Thema Employer Branding sei von großer Bedeutung, allerdings haben sich gerade einmal 38 Prozent bislang mit einer Personalmarketingstrategie beschäftigt.[142] In den nächsten Jahren muss dies verstärkt erfolgen, denn eine langfristige Erhaltung der personellen Ressourcen im Mittelstand ist nicht nur für das einzelne Unternehmen, sondern für die Gesamtwirtschaft notwendig. Durch langfristig orientiertes Talentmanagement gilt es gerade im Mittelstand, entsprechend den unternehmensspezifischen Bedarfen Talente zu identifizieren, auszuwählen, zu fördern und langfristig an das Unternehmen zu binden.

Ob bereits heute aktives Talentmanagement im Mittelstand erfolgt, konnte mithilfe einer von der FOM Hochschule für Oekonomie & Management durchgeführten Kurz-Befragung erhoben werden.[143] Es wurde untersucht, welche Instrumente mittelständische Unternehmen in den verschiedenen Phasen des Talentmanagements am häufigsten einsetzen.[144] Ergänzt durch eine Untersuchung zur Nutzung der Möglichkeiten des Hochschulmarketings, das eine strukturierte Positionierung an ausgewählten Hochschulen auch für den Mittelstand ermöglichen kann, wird im Folgenden zusammenfassend dargestellt, wie der Mittelstand derzeit aufgestellt ist.[145]

Der Stellenwert des Talentmanagements ist bereits heute bei der Mehrheit der befragten Unternehmen hoch – mit weiterhin wachsender Bedeutung. Dabei gilt, dass mit zunehmender Unterneh-

142 Vgl. Mattgey 2009: http://www.wuv.de/employer-branding/2009_mittelstand.php (Stand: 07.02.2011).
143 Vgl. Seng, Starystach 2010: http://www.fom.de/fileadmin/fom/downloads/Forschungsprojekte/100617_Zusammenfassung_TP3_TM.pdf (Stand: 10.02.2011).
144 Dabei erfolgte eine Einteilung des Gesamtprozesses Talentmanagement in die Phasen „Talente ansprechen", „Talente gewinnen", „Talente identifizieren" „Talente entwickeln" und „Talente binden".
145 Die Ergebnisse dienen als Bestandsaufnahme zum Thema Talentmanagement im Mittelstand. Die Studie wurde von September 2009 bis März 2010 durchgeführt; die Datenerhebung erfolgte von September bis November 2009. Insgesamt beteiligten sich 223 Unternehmen, davon 39,9 Prozent Kleinunternehmen (< 50 Mitarbeiter), 43,9 Prozent mittelständische Unternehmen (50–1.000 Mitarbeiter) und 16,2 Prozent Großunternehmen.

mensgröße der Stellenwert des Talentmanagements wächst (siehe Abbildung 46).

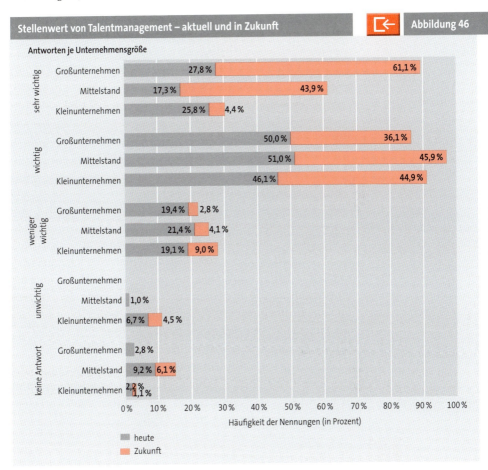

Werden die einzelnen Phasen des Talentmanagement-Zyklus differenziert betrachtet, wird den nach innen orientierten Phasen „Talente binden" und „Talente entwickeln" von den befragten Unternehmen die größte Bedeutung zugesprochen (siehe Abbildung 47).

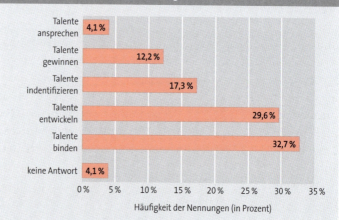

Abbildung 47: Gestaltung der Phasen des Talentmanagement-Prozesses im Mittelstand

In den Phasen „Talente ansprechen" und „Talente gewinnen" setzt bereits mehr als die Hälfte der befragten Unternehmen zielgruppenspezifisches Personalmarketing ein, wobei sich abhängig von der Unternehmensgröße eine ungleiche Verteilung ergibt: 86,1 Prozent der Großunternehmen betreiben Personalmarketing, hingegen tun dies nur 57,1 Prozent der mittelständischen und 33,8 Prozent der Kleinunternehmen. Zur Kommunikation freier Stellen werden unabhängig von der Unternehmensgröße klassische Stellenanzeigen und Online-Stellenbörsen genutzt. Es ist zu beobachten, dass mit zunehmender Unternehmensgröße die Nutzung von internetbasierten Instrumenten zur externen Rekrutierung – also Karrierewebsites, Online-Netzwerke oder Online-Stellenbörsen – steigt. Kleine und mittelständische Unternehmen sollten sich dies zum Vorbild nehmen und stärker auf internetbasierte Gewinnungsmaßnahmen zurückgreifen. Gründe hierfür sind nicht nur, dass das Internet die wichtigste Informationsquelle in Bezug auf Arbeitgeber darstellt[146], sondern gleichzeitig – aufgrund der großen Reichweite – die Employer Brand stärkt.

---

146   Vgl. Eckhardt et al. 2010.

Zur Identifikation von Talenten: Intern werden qualifizierte Mitarbeiter im Mittelstand am häufigsten über jährliche Mitarbeitergespräche (75,5 Prozent) und persönliche Empfehlungen (49 Prozent) identifiziert. Wenn der externe Bewerbermarkt betrachtet wird, erfolgt die Identifikation von Talenten bei den befragten Unternehmen hauptsächlich über Vorstellungsgespräche und Bewerbungsunterlagen. In diesem Zusammenhang ist anzumerken, dass es für Unternehmen wichtig ist, dass der gesamte Bewerbungsprozess für den Bewerber zu einem positiven Erlebnis wird; schließlich handelt es sich hierbei um den ersten Eindruck, den der Arbeitgeber hinterlässt.

Identifikation von Talenten

Talententwicklung erfolgt beim größten Teil der befragten Unternehmen entsprechend den individuellen Mitarbeiterbedürfnissen, wobei auch hier ein Zusammenhang zwischen Unternehmensgröße und Entwicklungsaktivitäten zu beobachten ist.[147] Die Besetzung von Führungspositionen aus den eigenen Reihen wird bei kleineren und mittelständischen Unternehmen deutlich häufiger angestrebt als bei den großen Unternehmen. Die meistgenannten Ziele bei der Personalentwicklung im Mittelstand sind die Leistungsverbesserung der Mitarbeiter und die Verbesserung der Mitarbeiterbindung und der Mitarbeiterzufriedenheit. Als Instrumente der Personalentwicklung nutzen die befragten mittelständischen Unternehmen am häufigsten Seminare, Zielvereinbarungen und Training on-the-job. Weiterhin werden Entwicklungsgespräche und Coachings eingesetzt. Anzumerken ist: Die positiven Auswirkungen der Personalentwicklung auf die Mitarbeiterzufriedenheit und -bindung sind für das interne Personalmarketing von enormer Bedeutung und sollten daher aktiv von mittelständischen Unternehmen benutzt werden.

Talententwicklung

Die Frage der Talentbindung wird zunächst mit dem Fluktuationsverhalten analysiert. Die befragten mittelständischen Unternehmen beschreiben und prognostizieren weiterhin eine insgesamt niedrige Fluktuation, was auf eine positive Mitarbeiterbindung schließen lässt. Auch künftig gehen sie von vergleichbaren Quoten aus. Als wesent-

Talentbindung

---

147 77,5 Prozent der kleinen, 62,2 Prozent der mittelständischen und 55,6 Prozent der großen Unternehmen geben an, ihre Talente intern zu entwickeln.

liche Kriterien der Mitarbeiter- und Talentbindung nennen die befragten mittelständischen Unternehmen die Aspekte „Unternehmenskultur bzw. das Arbeitsklima" „Arbeitsinhalte bzw. die Verantwortung" und die „Anerkennung bzw. Motivation durch Vorgesetzte".

Mit Blick auf die eingangs skizzierten Rahmenbedingungen ist abschließend festzustellen, dass die befragten mittelständischen Unternehmen bereits im Talentmanagement aktiv sind und die langfristige Bedeutung von Mitarbeitergewinnung, -entwicklung und -bindung realisiert haben. Dabei ist zu beachten, dass nicht sämtliche Phasen und Instrumente gleichermaßen in allen Unternehmen zum Einsatz kommen, sondern dass das jeweilige Unternehmen vielmehr mit Blick auf die individuelle Situation die am besten geeigneten Instrumente auswählt und zielgerecht einsetzt.

Kleine und mittelständische Unternehmen müssen sich weiterhin darauf fokussieren, das Thema Talentmanagement – mit allen Facetten – zu implementieren und weiterzuentwickeln. Besonders wichtig ist in diesem Zusammenhang die Ausarbeitung einer Strategie, die sich auf die Ausrichtung der Employer Brand bezieht. Das Ziel muss sein, eine klare Positionierung festzulegen und eine Aussage darüber zu treffen, was das Unternehmen als Arbeitgeber als herausragend auszeichnet, und diese Strategie auch zu verfolgen.

9.2 Hochschulmarketing im Mittelstand

Als ein konkretes Instrument der Phasen „Talente ansprechen" und „Talente gewinnen" wird im Folgenden das Thema Hochschulmarketing beleuchtet. Die Ergebnisse im Rahmen einer weiteren von der FOM Hochschule für Oekonomie & Management durchgeführten Studie zeigen, dass bereits fast jeder zweite Mittelständler Hochschulmarketing-Maßnahmen einsetzt.[148] Und weitere 22 Prozent der mittelständischen Unternehmen planten zur Zeit der Studie die Einführung eines entsprechenden Konzepts. So beurteilen auch acht von zehn der Befragten Hochschulmarketing als mindestens wich-

148 Vgl. Seng, Baum 2009: www.fom.de/fileadmin/fom/downloads/Forschungsprojekte/Kurzbericht_Hochschulmarketing_im_Mittelstand.pdf (Stand: 16.01.2011).

tig. Hochschulmarketing wird von mittelständischen Unternehmen vorrangig zur Rekrutierung von Hochschulabsolventen, aber lediglich von knapp der Hälfte zum Aufbau einer Arbeitgebermarke verwendet (siehe Abbildung 48).

Abbildung 48

Gefragt nach dem Einstellungsbedarf, geben 67 Prozent der Mittelständler an, regelmäßig Hochschulabsolventen einzustellen. Der fachliche Fokus der befragten Unternehmen liegt dabei auf ingenieurwissenschaftlichen und kaufmännischen Fachrichtungen.

Hochschulkontakte bestehen bei vier von fünf Mittelständlern. Mehr als die Hälfte der mittelständischen Arbeitgeber haben bisher einen bzw. zwei Kontakte zur Wissenschaft geknüpft. Die Anzahl der Partnerhochschulen steigt dabei mit zunehmendem Einstellungsbedarf. Außerdem ist ein starker Zusammenhang zwischen dem Ort der Partnerhochschulen und dem Hauptstandort der mittelständischen Arbeitgeber zu beobachten.

Die Antworten nach den finanziellen Möglichkeiten zeigen deutliche Unterschiede für kleine, mittelständische und große Unternehmen (siehe Abbildung 49). Ein explizites Budget für Hochschulmarketingmaßnahmen besteht nur bei 13 Prozent der Mittelständler.

Abbildung 49

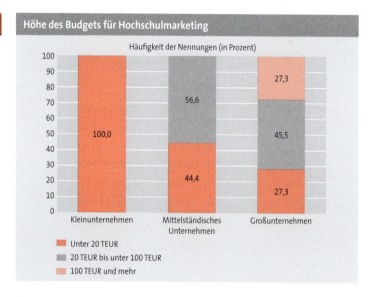

Instrumente des Hochschulmarketings

In Bezug auf den Einsatz von Instrumenten steht der Mittelstand derzeit im Schatten der Großunternehmen, die erfahrungsgemäß eine große Bandbreite an Maßnahmen anwenden. Die Befragung hat ergeben, dass mittelständische Unternehmen sich auf eher wenige Einzelmaßnahmen fokussieren, wie das Angebot von Praktika, Aushänge in den Hochschulen, Betreuung von wissenschaftlichen Arbeiten sowie die Unternehmenshomepage. Künftig stärker ausbauen wollen die befragten Unternehmen Maßnahmen wie Firmenpräsentationen, Gastvorträge und Teilnahmen an Hochschulmessen.

9.3 Ansatzpunkte für ein Employer Branding im Mittelstand

Zusammenfassend ist festzustellen, dass im Mittelstand dem Hochschulmarketing bereits aktive Aufmerksamkeit geschenkt wird – auch bei durchschnittlich eher geringen Einstellungsbedarfen und begrenzten Ressourcen. Die Notwendigkeit der langfristig orientierten Talentansprache und -gewinnung wird im Kontext des Talentmanagements vor dem Hintergrund der demografischen Situation durchaus erkannt.

Gerade um sich an Hochschulen zu profilieren, bieten sich für kleinere und mittelständische Unternehmen konkrete Kontaktpunkte und persönliche Aktivitäten an, um die skizzierten Bindungsaspekte herausstellen zu können:

Kontaktpunkte schaffen

Empfehlungen für mittelständische Unternehmen zum Employer Branding bei Studierenden

1. *Sich durch Gastvorträge und Lehraufträge im Rahmen von Vorlesungen bei den Studenten profilieren.* Die Präsenz von Unternehmen an Hochschulen stellt für Studenten eine bevorzugte Informationsquelle dar.
2. *Auf regionalen Hochschulmessen präsent sein, um mit Studenten persönliche Kontakte zu knüpfen.* Campusmessen empfehlen sich aufgrund der relativ geringen Kosten und gewinnen zum Ende der Hochschulzeit für die Studenten an Bedeutung.
3. *Durch Praktika Studierende früh in Kontakt mit dem Unternehmen bringen und über die Studienzeit hinweg gezielt binden.* Praktika bieten beste Möglichkeiten, für potenzielle Mitarbeiter wie für Unternehmen, sich gegenseitig kennenzulernen.
4. *Durch Betreuung wissenschaftlicher (Abschluss-)Arbeiten Möglichkeiten der Kontaktpflege anbieten.* Kurz vor Studienabschluss wird der persönliche Kontakt zwischen Unternehmen und Kandidat deutlich intensiviert.
5. *Mit einem aussagekräftigen Karriereauftritt im Internet die Attraktivitätspunkte des Unternehmens herausstellen.* Da das Internet Teil der Lebenswelt der Studierenden ist, bietet die Unternehmenshomepage die beste Möglichkeit, sich der Zielgruppe zu präsentieren.

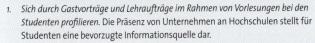

10 Ausblick: Perspektiven für das Employer Branding *(Sascha Armutat, Alfred Quenzler)*

Employer Branding ist ein Trend, der das Personalmanagement in den nächsten Jahren nachhaltig prägen wird.

Das zeigen sämtliche Trendstudien für das Personalmanagement, von der DGFP-[149] bis zu den BCG/WFPMA- und EAPM-Studien.[150] In der aktuellen DGFP-Trendstudie zeigt sich sehr deutlich, dass Employer Branding das zentrale Zukunftsthema der nächsten drei Jahre für viele Unternehmen ist.[151] Auch die Studien der Boston Consulting Group mit den übernationalen Personalorganisationen haben zum Ergebnis, dass Talentmanagement und Employer Branding zu den Bereichen im Personalmanagement zählen, die die größte Zukunftsbedeutung besitzen und bei denen Personalmanager ihre aktuellen Handlungsmuster optimieren müssen, um am Ball zu bleiben.

Nach dem Employer Branding kommt das bessere und fokussierte Employer Branding

Die Perspektive des Employer Branding ist daher das systematischere, fokussiertere und nachhaltigere Employer Branding. Nur dadurch können Unternehmen im demografisch bedingten Kampf um die Talente bestehen.

„Systematisch" bedeutet in diesem Zusammenhang, dass die Instrumente der Markenbildung und -führung, der Bewerberansprache und Rekrutierung, der Personalkommunikation und der Mitarbeiterbindung aufeinander abgestimmt sind und noch strukturierter und effizienter eingesetzt werden.

Das schließt ein besseres Verständnis der Web-2.0- und der nachfolgenden Web-Technologien sowie deren selbstverständlichere Nutzung ein.

Selbstverständliche Nutzung des Web 2.0

„Fokussierter" heißt, dass der strategische Mitarbeiter- und Kompetenzbedarf das Employer Branding deutlicher prägen wird als bisher – ohne den unternehmenskulturellen Kontext zu verlieren.

---

149   Vgl. DGFP e. V. (Hg.): Trends im Personalmanagement. PraxisPapier 4/2009. Abrufbar unter http://www.dgfp.de/praxispapiere (Stand: 25.08.2011).
150   Vgl. z. B. BCG 2008.
151   Vgl. DGFP e. V. (Hg.): DGFP Studie: Megatrends und HR-Trends. PraxisPapier 7/2011. Abrufbar unter http://www.dgfp.de/praxispapiere (Stand: 25.08.2011).

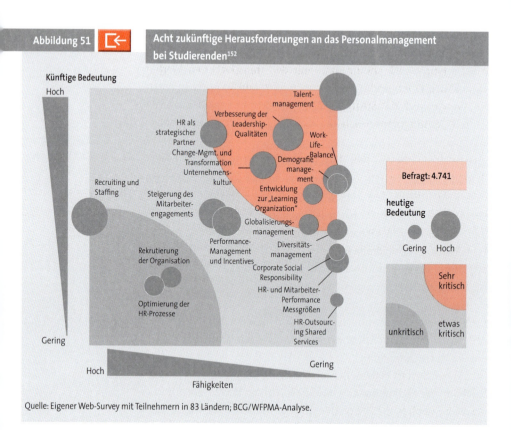

Abbildung 51: Acht zukünftige Herausforderungen an das Personalmanagement bei Studierenden[152]

Quelle: Eigener Web-Survey mit Teilnehmern in 83 Ländern; BCG/WFPMA-Analyse.

Intensivere strategische Verankerung

Strategisch verankerte, integrierte und zielgruppenspezifische Ansprache-, Rekrutierungs- und Bindungsprogramme werden mehr als bisher das operative Employer Branding prägen. In der Ausgestaltung dieser Programme wird es darauf ankommen, den Erlebniswelten zu entsprechen, die die zukünftigen Mitarbeitergenerationen von den Unternehmen erwarten. Das wird eine der größten Herausforderungen für das Personalmanagement im Allgemeinen, für das Employer Branding im Besonderen:

- Das Personalmanagement muss Prozessfairness und Chancengleichheit mit der Erwartung maximal individueller Prozessausgestaltung verbinden – eine große Herausforderung in allen Pro-

---

152 BCG 2008, S. 5.

zessen, von der Personalauswahl über die Anreizgestaltung bis zur Trennung von Mitarbeitern.
- Das Employer Branding muss mit den transportierten Werten und den Kommunikationsanstrengungen eine Basis dafür schaffen, dass sich das Spannungsfeld, das sich im Personalmanagement auftut, nicht negativ auf das Arbeitgeberimage auswirkt.

„Nachhaltiger" heisst, dass nur ein stetiger Prozess des Employer Branding die Gestaltung der Arbeitgebermarke voranbringt. Das bedeutet, dass kontinuierlich die Rahmenbedingungen analysiert und die Maßnahmen und deren Wirksamkeit überprüft werden müssen. Das setzt voraus, dass das Employer Branding mit ausreichend Ressourcen ausgestattet wird – bezogen auf das Budget, die personellen Kapazitäten, die technologischen Voraussetzungen und vor allem die Promotoren in der Unternehmensführung.

Candidate Experience
Während Karrierewebsites mittlerweile als wichtiges Instrument zur Darstellung der Arbeitgebereigenschaften etabliert sind, endet das Verständnis für die Wirkung des Prozesses oft schon, wenn ein Interessent sich wirklich bewerben möchte. Dass der Bewerber dabei im Prozess nicht „verloren" geht oder aufgrund langwieriger Arbeitsschritte oder auch langweiliger Eingabemasken die Lust am Unternehmen schon zu Beginn der Bewerbung verliert, wird im Rahmen der zukünftigen Herausforderungen des Personalmanagements immer wichtiger. So kann es sein, dass die perfekte Gestaltung der Karrierewebsite beim ersten Klick auf den „Stellenmarkt-Button" durch eine graue Datenbank-Ästhetik abgelöst wird. Lieblos gestaltete Formulare drücken etwas anderes aus als „Sie sind uns als Bewerber wichtig" und haben oft eher den Charme unfreiwilliger Frustrationstests.

Abbildung 51 — **Herausforderungen einer gelungenen Candidate Experience**[153]

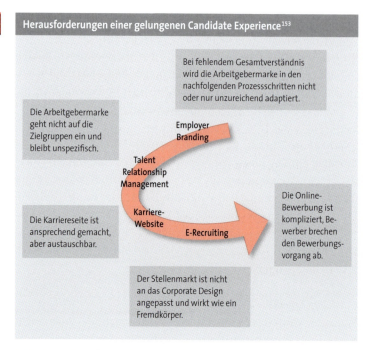

Falls Bewerber den unkomfortablen Online-Bewerbungshürdenlauf dennoch brav absolvieren, werden sie mit automatisierter Korrespondenz konfrontiert. Häufig entsteht dabei der Eindruck, dass die Standard-Schreiben der Systemanbieter ohne Änderung übernommen wurden. Die Ansprache ist unpersönlich, die Sprache klingt nach Verwaltung – auch hier findet sich keine Fortsetzung der freundlichen Sprache auf der Karrierewebsite, sondern das klare Signal an den Bewerber: „Sie werden nun verarbeitet". Auch beim Übergang zum persönlichen Kontakt wird unterschätzt, dass Employer Branding nicht mit der Bewerbung endet: Karrierewebsites nutzen eine frische Sprache, und die mittlerweile üblichen Testimonials zeigen originelle Beispielmitarbeiter in lockerer Kleidung. Trifft der Bewerber beim Vorstellungsgespräch statt auf die versprochene moderne Unternehmenskultur direkt auf marode Gebäude, einen unhöflichen Empfang und desinteressierte Gesprächspartner mit schlampig ge-

---

153 Eigene Darstellung.

bundener Krawatte, beeinflusst das nachhaltig den ersten Eindruck. Auch bei der Gestaltung und Verhandlung der Arbeitsverträge findet Employer Branding statt. Wenn Kandidaten während dieser Phase durch umständliche oder unfaire Behandlung einen schlechten Eindruck vom Unternehmen gewinnen, gehen Arbeitgeber durchaus das Risiko ein, dass sich ein Kandidat kurz vor Vertragsunterzeichnung noch gegen die Unterschrift entscheidet. Möchten Unternehmen dem entgegenwirken und einen perfekten Prozess als Wettbewerbsvorteil etablieren, so müssen Sie zunächst die beteiligten Einheiten an einen Tisch holen. Meist sind unterschiedliche Verantwortliche für Personalmarketing, Online-Bewerbung und Personalauswahl zuständig, Brüche im Prozess sind daher ein Abbild der Organisation. Aus Bewerbersicht handelt es sich aber um einen Prozess bei einem Unternehmen – organisatorische Silos sind aus dieser Perspektive wenig nachvollziehbar. Sind Erkenntnis und Gestaltungswille vorhanden, können Unternehmen durch die Beachtung folgender Aspekte die Candidate Experience deutlich verbessern:

- Den Gesamtprozess aus Bewerberperspektive durchspielen: Dabei kann es helfen, sich mit einem erfundenen Top-Profil einfach beim eigenen Unternehmen zu bewerben und bei jedem Schritt genau zu schauen, was passiert. Wichtig sind dabei die Details: Mit ein wenig Aufwand können zum Beispiel auch automatisierte Eingangsbestätigungen freundlich und verbindlich klingen.
- An allen potenziellen Interaktionspunkten überprüfen, ob Markenversprechen, Bildsprache auf der Website und Tonalität sich auch im weiteren Prozess wiederfinden: Der Begriff „Authentizität" wird im Zusammenhang mit Employer Branding häufig überbemüht: Im oben geschilderten (Krawatten-)Beispiel wird jedoch deutlich, dass „Überverkaufen" auf der Karrierewebsite sinnlos ist, zumal die Erlebnisse der Bewerber mittels Web 2.0 schnell mit anderen geteilt werden können.
- Auch schwerer anzupassende Elemente des Prozesses wie Bewerbungsformulare oder das E-Recruitingsystem betrachten: IT-Systeme sind nicht endlos anpassbar – doch zumindest auf den Versuch können HR-Abteilungen drängen: Die Reduzierung von Abfragefeldern um irrelevante Informationen ist in den seltens-

ten Fällen technisch aufwendig; die Auswahlverantwortlichen müssen aber bereit sein, auf diese Informationen zu verzichten.

Egal wie gut ein Unternehmen im Personalmarketing ist – das Bild vom Arbeitgeber wird geprägt von der gesamten Candidate Experience von der Karrierewebsite bis zum ersten Tag als Mitarbeiter. Gerade in Branchen, in denen eher die Kandidaten das Unternehmen aussuchen als umgekehrt, können Fehler direkt zum Verlust der begehrten High Potentials führen. Dazu kommt immer mehr, dass schlechte Behandlung durch das Internet nicht persönliches Pech des Betroffenen bleiben muss. Hohe Zugriffszahlen bei Arbeitgeber-Bewertungsportalen wie kununu, Einträge bei Facebook oder Foren wie wiwi-treff.de zeigen, dass auch einzelne Fälle sehr schnell öffentlich werden. Im Umkehrschluss bedeutet dies aber auch: Wer die drei zentralen Bruchstellen Online-Bewerbung, Korrespondenz und Auswahlverfahren in seiner Organisation in den Griff bekommt, schafft häufig mit vergleichsweise wenig Aufwand einen echten Wettbewerbsvorteil.

Bonbons auf Personalmessen zu verteilen reicht eben nicht aus, um dauerhaft eine Employer Brand zu entwickeln – man braucht einen ganzheitlichen, integrierten Ansatz, der die Herzen der Mitarbeiter und zukünftigen Bewerber erreicht und damit ihre Begeisterung und Leidenschaft für das Unternehmen weckt.

11 Anhang

11.1 Literaturverzeichnis

Aaker, D. A. (1996): Building strong brands, Verlag Free Press, New York 1996.

Ambler, T.; Barrow, S. (1996): The Employer Brand. In: The Journal of Brand Management, 4 (3), 1996, S.185–206.

Barney, J. B. (2007): Gaining and Sustaining Competitive Advantage. 3. ed., Upper Saddle River, New Jersey.

BCG – Boston Consulting Group (2008): Creating People Advantage – Bewältigung von HR-Herausforderungen weltweit bis 2015. Executive Summary auf Deutsch. Boston.

Beck, Chr. (2008): Personalmarketing 2.0: Personalmarketing in der nächsten Stufe ist Präferenz-Management. In: Beck, Chr. (Hg.): Personalmarketing 2.0: vom Employer Branding zum Recruiting. Köln. S. 9–56.

Bertelsmann Stiftung; Fauth-Herkner & Partner; Oechsler, W. A. (Hrsg.): Leitfaden Systematisches Beschäftigungs-Management. Gütersloh 2001.

Brück, E. (2005): Möglichkeiten und Grenzen der ökonomischen Bewertung von personalstrategischen Maßnahmen. Der Versuch einer Evaluation am Beispiel eines Zielmanagementsystems mit variabler Gehaltskomponente. Diss. Univ. Augsburg.

Buck, H.; Schletz, A. (Hg.) (2001): Wege aus dem demographischen Dilemma durch Sensibilisierung, Beratung und Gestaltung. Stuttgart.

Burmann, Chr.; Zeplin, S. (2005): Building brand commitment: A behavioral approach to internal brand management. In: Journal of Brand Management, Vol. 12, 2005, No. 4, April, pp. 279–300.

Burmann, Chr.; Becker, Chr. (2008): Mitarbeitende als Markenbotschafter: Modell der innengerichteten Markenführung. In: HR-Today, Nr. 4/2008, S. 36–39.

dapm – Der Arbeitskreis Personalmarketing e.V. (2010 a): Brickwedde, Wolfgang: KPI in Personalmarketing und Recruiting, dapm Umfrage 2009, Ergebnisbericht, Januar 2010, internes Papier.

dapm – Der Arbeitskreis Personalmarketing e.V. (2010 b): Schuler, Dario: Controlling Standard – Wirkungsanalyse, Executive Summary.

dapm – Der Arbeitskreis Personalmarketing e.V. (2010 c): Fachkonzept Version 1.0 vom 14.06.2010, internes Papier.

dapm – Der Arbeitskreis Personalmarketing e.V. (2010 d): dapm Controlling Standard, Zusammenfassung, internes Papier.

DGFP e. V. (Hg.) (2001): Personalcontrolling in der Praxis. Stuttgart.
DGFP e. V. (Hg.) (2004 a): Personalentwicklung für ältere Mitarbeiter. Bielefeld.
DGFP e. V. (Hg.) (2004 b): Retentionmanagement. Die richtigen Mitarbeiter binden. Bielefeld.
DGFP e. V. (Hg.) (2005): Zukunftsbilder denken – Metamorphosen der Personalarbeit. Bielefeld.
DGFP e. V. (Hg.) (2006), Erfolgsorientiertes Personalmarketing in der Praxis. Bielefeld.
DGFP e. V. (Hg.) (2009): Personalcontrolling für die Praxis. Konzept – Kennzahlen – Unternehmensbeispiele. Bielefeld.
Drucker, P. F. (1999): Management Challenges for the 21st Century. New York.
Drumm, H. J. (2001): Szenarioprognosen für ein künftiges HR-Management. In: DGFP e. V. (Hg.; 2001) Personalführung, Ausgabe 5, S. 64–71.
Drumm, H. J. (2005): Personalwirtschaft. 5. Aufl., Berlin, Heidelberg, New York.
Eckhardt, A.; Weitzel, T.; Westarp, F. v. (2010): Recruiting 2010. Ergebnisse einer empirischen Befragung der 2.000 größten Unternehmen in der Schweiz, Österreich und Deutschland sowie 1.000 deutscher Mittelständler. Bamberg und Frankfurt.
Eisele, D.; Doyé, Th. (2010): Praxisorientierte Personalwirtschaftslehre. Stuttgart.
Esch, F.-R. (2005): Strategie und Technik der Markenführung. München.
Forster, A.; Erz, A.; Jenewein, W. (2009): Employer Branding – ein konzeptioneller Ansatz zur markenorientierten Mitarbeiterführung. In: Tomczak, T.; Esch, F.-R.; Kernstock, J.; Herrmann, A. (Hg.): Behavioral Branding: Wie Mitarbeiterverhalten die Marke stärkt. Wiesbaden, S. 277–294.
Freeman, R. E. (1984): Strategic Management: A Stakeholder Approach. Boston u. a.
Gauger, J. (2000): Commitment-Management in Unternehmen. Am Beispiel des mittleren Managements. Wiesbaden.
Gladen, W. (2011): Performance Measurement, Controlling mit Kennzahlen, 5. Auflage, Wiesbaden.
Grubendorfer, Chr. (2010): Leadership Branding. Machen Sie Führungskräfte und Mitarbeiter zu Botschaftern Ihrer Marke. In: Smettan, J. R. (Hg.): Chancen und Herausforderungen der Wirtschaftspsychologie. Kongressband zum 8. Kongress für Wirtschaftspsychologie, Potsdam, 14.–15. Mai 2010. Berlin. S. 38–50.

Hanke, B.; Hübner, K. (2010): Entscheidungen unterstützen, Prozesse steuern. Employer Branding mit Kennzahlen evaluieren, In: DGFP e.V. (Hrsg.; 2010) Personalführung, Ausgabe 3, S. 38–45.

Holtbrügge, D. (2007): Personalmanagement. 3. Aufl., Berlin, Heidelberg, New York.

Holtbrügge, D. (2010): Personalmanagement. 4. Aufl., Berlin, Heidelberg, New York.

Homburg, Chr.; Krohmer, H. (2006): Marketingmanagement. Strategie, Instrumente, Umsetzung, Unternehmensführung. Wiesbaden.

Jansen, Th. (2008): Personalcontrolling. Ludwigshafen.

Jäger, W.; Rolke, L. (Hg.) (2011): Personalkommunikation. Interne und externe Öffentlichkeit für HR-Themen gewinnen. Köln. www.personalwirtschaft.de/personalkommunikation

Kaplan, R. S.; Norton, D. P. (1996): Using the Balanced Scorecard as a Strategic Management System. In: Harvard Business Review, Vol. 74, 3/1996, S. 75–85.

Klingler, U. (2005): 100 Personalkennzahlen. Wiesbaden.

Knorr, E. M. (2004): Professionelles Personalcontrolling in der Personalbeschaffung: Grundlagen, Instrumente, Ziele. Düsseldorf.

Krell, S.; Tiedmann, H. (1997): Perspektiven der Nutzung von Computer-Netzwerken, in: Verein Deutscher Ingenieure (Hg.): Technik und Kommunikation ohne Grenzen – Ingenieure im weltweiten Strukturwandel – Deutscher Ingenieurtag '97, Leipzig, 13./14. Mai 1997, Düsseldorf. S. 85–103.

Kroeber-Riel, W.; Weinberg, P.; Gröppel-Klein, A. (2009): Konsumentenverhalten. München.

Lange, M.; Behrens, Chr.; Greiten, Th. (2010): Wie Firmen im Netz punkten. In: Harvard Business Manager, 7. S. 104–108.

Langer, C. (1992): Die Organisationswahl von Führungskräften. Dissertation, Universität der Bundeswehr. Hamburg.

LEA Leadership Equity Association (2010), http://www.leadership-branding.de/leadership-branding.html (abgerufen am 14.12.2010)

Lindner-Lohmann, D.; Lohmann, F.; Schirmer, U. (2008): Personalmanagement. Heidelberg.

Meffert, H.; Burmann, Chr.; Koers, M. (Hg.) (2005): Markenmanagement. Identitätsorientierte Markenführung und praktische Umsetzung. Wiesbaden.

Meyer, J. P.; Allen, N. J. (1997): Commitment in the Workplace: Theory, Research, and Application. Thousand Oaks, CA, u. a.

Michel, R. M. (1999): Komprimiertes Kennzahlen-Know-how. Wiesbaden.

Minchington, B. (2006): Your Employer Brand: attract – engage – retain. Torrensville, SA: Collective Learning Australia.

Özden, S. (2011): HR-Kommunikation als Ladestation für die Arbeitgebermarke bei der Continental AG, in: Jäger, W.; Rolke, L. (Hg.): Personalkommunikation. Interne und externe Öffentlichkeit für HR-Themen gewinnen. Köln, S. 29–41.

Polomski, St. (2005): Mehr als Marke: Employer Branding. In: Gaiser, B. u. a. (Hg.): Praxisorientierte Markenführung: neue Strategien, innovative Instrumente und aktuelle Fallstudien. Wiesbaden. S. 473–490.

Preißner, A. (2008): Praxiswissen Controlling. Grundlagen, Werkzeuge, Anwendungen. 5., erweiterte Auflage, München.

Prensky, M. (2001): Digital Natives, Digital Immigrants. In: On the Horizon, MCB University Press, 2001, Vol. 9 No. 5.

Quenzler, A.; Schuler, D. (2011): Nichts für Dünnbrettbohrer. In: Personalwirtschaft. Magazin für Human Resources, Jahrgang 2011, Nr. 6, S. 28–30.

Riecke, M. (2010): Neue Wege führen schneller ans Ziel. In: Personalwirtschaft. Magazin für Human Resources, Jahrgang 2010, Nr. 7, S. 40–42.

Schmidt, H. J. (2007): Internal Branding – wie Sie Ihre Mitarbeiter zu Markenbotschaftern machen. Wiesbaden.

Scholl, J. (2010): Für die Auswahl ist die Ausgangssituation entscheidend. In: Personalwirtschaft. Magazin für Human Resources, Jahrgang 2010, Nr. 4, S. 32–33.

Schulte, Chr. (2002): Personal-Controlling mit Kennzahlen. München.

Seng, A. (2001): Erwartungen potentieller Bewerber/innen als Grundlage einer gezielten Nachwuchsrekrutierung im internationalen Personalmanagement. Wien.

Simon, H.; Wiltinger, K.; Sebastian, K.-H.; Tacke, G. (1995): Effektives Personalmarketing – Strategien, Instrumente, Fallstudien. Wiesbaden.

Sponheuer, B. (2010): Employer Branding als Bestandteil einer ganzheitlichen Markenführung. Wiesbaden.

Stadler, S. M.; Weißenberger, B. E. (1999): Benchmarking des Berichtswesens – Mehr Effizienz und Kundenorientierung im Controlling, in: Controlling, Zeitschrift für erfolgsorientierte Unternehmenssteuerung, München und Frankfurt, S. 5–11.

Stotz, W.; Wedel, A. (2009): Employer Branding: Mit Strategie zum bevorzugten Arbeitgeber. München.

Strutz, H. (1989): Handbuch Personalmarketing. Personalsuche, Personalbeurteilung, Personalentwicklung. Berlin.

Süss, M. (1996): Externes Personalmarketing für Unternehmen mit geringer Branchenattraktivität. München.

Teetz, Th. (2008): Hochschulmessen: Markt für Karrieren? In: Beck, Chr. (Hg.): Personalmarketing 2.0: vom Employer Branding zum Recruiting. Köln, S. 142–149.

Tomczak, T.; Belz, Chr.; Rudolph, Th. (2005): Ergebnisse und Projekte der Marketingforschung am Institut für Marketing und Handel: Thexis-Fachbericht für Marketing. St. Gallen.

Tomczak, T.; Esch, F.-R.; Kernstock, J.; Herrmann, A. (2009): Behavioral Branding: Wie Mitarbeiterverhalten die Marke stärkt. Wiesbaden.

Ulrich, D. (1997): Human Resource Champions: The next agenda for adding value and delivering results, Boston, Massachusetts: Harvard Business School Press.

Ulrich, D.; Brockbank, W. (2005): The HR Value Proposition, Boston, Massachusetts: Harvard Business School Press.

Universum Communications (2005): Employer branding: global best practices. Stockholm.

Völke, U.; Faber, D. (2008): Ohne Controlling keine Effizienz. In: Employer Branding. Die Kampagne leben, Personalwirtschaft extra. Magazin für Human Resources, Jahrgang 2008, Sonderheft Nr. 8, S. 23–25.

Wagner, D. (1991): Organisation, Führung und Personalmanagement: neue Perspektiven durch Flexibilisierung und Individualisierung. 2. Aufl., Freiburg im Breisgau.

Weber, W.; Mayrhofer, W.; Nienhüser, W. (1993): Grundbegriffe der Personalwirtschaft. Stuttgart.

Weber, J.; Schäffer, U. (2008): Einführung in das Controlling. 12. überarbeitete und aktualisierte Auflage, Stuttgart.

Wentzel, D.; Tomczak, T.; Kernstock, J.; Brexendorf, T.; Henkel, S. (2009): Der Funnel als Analyse- und Steuerungsinstrument von Brand Behavior. In: Tomczak, T.; Esch, F.-R.; Kernstock, J.; Herrmann, A. (Hrsg.): Behavioral Branding – Wie Mitarbeiterverhalten die Marke stärkt, 2. Aufl. Wiesbaden, S. 81–99.

Wickel-Kirsch, S.; Janusch, M.; Knorr, E. (2008): Personalwirtschaft. Grundlagen der Personalarbeit in Unternehmen. Wiesbaden.

Wunderer, R.; Jaritz, A. (2007): Unternehmerisches Personalcontrolling. Evaluation der Wertschöpfung im Personalmanagement. 4. Aufl., Neuwied.

Wunderer, R.; Schlagenhaufer, P. (1994): Personal-Controlling. Funktionen, Instrumente, Praxisbeispiele. Stuttgart.

Zaugg, R. J. (2009): Nachhaltiges Personalmanagement. Eine neue Perspektive und empirische Exploration des Human Resource Management. Wiesbaden.

11.2 Abbildungsverzeichnis

Abb. 1:	Elemente des strategischen und operativen Employer Branding	18
Abb. 2:	Unternehmensexterne Einflussfaktoren	21
Abb. 3:	Fragebogen zur Auswertung der externen Informationen	22
Abb. 4:	Unternehmensinterne Einflussfaktoren	26
Abb. 5:	Fragebogen zur Auswertung der Unternehmensdokumente	27
Abb. 6:	Beispiel für einen Fragebogen zur Wirkungsanalyse	29
Abb. 7:	Wirkungsportfolio für das Employer Branding	30
Abb. 8:	Beispiel der Continental AG: Über das Keyvisual „Silberpfeilchen"	38
Abb. 9:	Keyvisual Silberpfeilchen bei Continental	39
Abb. 10:	Karriereportal „Be-Lufthansa"	49
Abb. 11:	Handlungsfelder für internes und externes Employer Branding	54
Abb. 12:	Zielgruppenfokus: Service	61
Abb. 13:	Zielgruppenfokus: Azubis technische Berufe und Ingenieure	62
Abb. 14:	Zielgruppenfokus: Piloten	63
Abb. 15:	Konzernübergreifende Motive	64
Abb. 16:	Idealtypische Merkmale der Entscheidungssituation bei der Organisationswahl	68
Abb. 17:	Wirksamkeit kommunikationspolitischer Maßnahmen im Employer Branding	70
Abb. 18:	Ideen aus dem Workshop „Karriere 2.0"	77
Abb. 19:	Bewertung und Konsolidierung der Workshop-Ideen	78
Abb. 20:	Exemplarische Recruiting-Instrumente	85
Abb. 21:	Differenzierungsmerkmale Internal Branding vs. Employer Branding	107
Abb. 22:	Unterscheidungskriterien von Internal und Employer Branding	108
Abb. 23:	Prozess markenkonformes Mitarbeiterverhalten	112
Abb. 24:	Brand-Touchpoint-Analyse	113
Abb. 25:	DVD „Benteler Values", einschließlich Vertonung der Werte, Ausschnitte (Eigenes Material: Benteler Automobiltechnik GmbH, Region Mercosur)	119
Abb. 26:	Beispiel Integrationspaket für neue Mitarbeiter (Benteler Automobiltechnik GmbH, Region Mercosur)	120

Abb. 27:	Top 10 der relevanten Social-Media-Dienste	126
Abb. 28:	XING	127
Abb. 29:	Facebook	128
Abb. 30:	Twitter	129
Abb. 31:	kununu	129
Abb. 32:	Kennzahlen des Personalmanagements	142
Abb. 33:	Personalcontrollingziele nach Metz	144
Abb. 34:	Balanced Scorecard als Controllinginstrument im Employer Branding nach Hanke, Hübner	145
Abb. 35:	Vier Ebenen des Personalcontrollings	146
Abb. 36:	Personalbeschaffungscontrolling	149
Abb. 37:	Erhebung input-, prozess- und outputorientierter Daten	151
Abb. 38:	Übersicht der KPIs, die von Mitgliedsunternehmen des Queb e. V. genutzt werden	153
Abb. 39:	Relevante Faktoren für das Wirkungsgefüge HR-Marketing und ihre Einflussstärken (1–16)	154
Abb. 40:	Relevante Faktoren für das Wirkungsgefüge HR-Marketing und ihre Einflussstärken (17–32)	155
Abb. 41:	Ausschnitt aus dem Fachkonzept am Beispiel der Kennzahl „Average Time to Fill"	156
Abb. 42:	Messgrößen der Phase 2	158
Abb. 43:	Benutzeroberfläche des Queb-Controlling-Tools	159
Abb. 44:	Detailansicht am Beispiel „Average Time to Fill"	160
Abb. 45:	Häufigkeitsverteilung der Beteiligung unterschiedlicher Abteilungen am Employer Branding	165
Abb. 46:	Stellenwert von Talentmanagement – aktuell und in Zukunft	173
Abb. 47:	Relevanz der Phasen des Talentmanagement-Prozesses im Mittelstand	174
Abb. 48:	Ziele des Hochschulmarketings	177
Abb. 49:	Höhe des Budgets für Hochschulmarketing	178
Abb. 50:	Empfehlungen für mittelständische Unternehmen zum Employer Branding bei Studierenden	179
Abb. 51:	Acht zukünftige Herausforderungen an das Personalmanagement bei Studierenden	182
Abb. 52:	Herausforderungen einer gelungenen Candidate Experience	184

11.3 Autorenverzeichnis

Dr. Sascha Armutat ist Leiter des Bereichs „Forschung und Themen" der Deutschen Gesellschaft für Personalführung e. V. (DGFP). In dieser Funktion koordiniert er unter anderem das Produktmanagement und die praxisorientierten Forschungsaktivitäten der DGFP. Er moderiert Expertengruppen, beteiligt sich als Autor an Veröffentlichungsprojekten der DGFP und gibt die DGFP-Schriftenreihen PraxisEdition (www.dgfp.de/wissen/praxisedition) und PraxisPapiere (www.dgfp.de/wissen/praxispapiere) heraus. Dr. Sascha Armutat ist neben seinen Aufgaben bei der DGFP Gastdozent am Lehrstuhl für Personal und Organisation der Universität Potsdam.
E-Mail: armutat@dgfp.de

Max Lehmann ist seit 2009 Leiter des HypoVereinsbank Talent Centers. In dieser Funktion verantwortet er das deutschlandweite Employer Branding, Recruiting und Talent Management. In den letzten fünf Jahren hat er sich intensiv mit Employer Branding und Personalmarketing beschäftigt. Unter anderem war er an der Einführung der internationalen Arbeitgebermarke „UniCredit Group" beteiligt, hat ein europäisches Zieluniversitätenkonzept entwickelt und arbeitet in einem Arbeitskreis des Queb an einem Personalmarketing-Controlling Standard.
E-Mail: Max.Lehmann@unicreditgroup.de

Alfred Lukasczyk begann nach dem Studium der Betriebswirtschaftslehre in Bochum im Personalmanagement eines großen Energiekonzerns. Seit rund neun Jahren Tätigkeit im strategischen HR-Bereich, insbesondere im Themenfeld Personalentwicklung und Personalmarketing, bei Evonik Industries AG verantwortlich für das konzernweite strategische Employer Branding. Seit 15 Jahren tätig als Dozent und Lehrbeauftragter an renommierten Hochschulen. Publikation von Artikeln in Fachzeitschriften sowie Mitwirkung bei Buchveröffentlichungen aus dem Bereich HR-Management. Mitherausgeber des Buches „Talent Management" (Luchterhand). Zahlreicher Präsentationen und Vorträge im nationalen und internationalem Umfeld zu Themen wie Talent Management oder Employer Branding.
E-Mail: alfred.lukasczyk@evonik.com

Sehnaz Özden studierte Betriebswirtschaftslehre mit Schwerpunkt Human Resources Management und startete ihre berufliche Karriere 1998 in der Personalabteilung der Bosch-Siemens Hausgeräte GmbH in Istanbul als Assistentin des kaufmännischen Vorstandes und baute die Recruitingabteilung für die Türkei mit auf. Dem folgten als weitere Stationen eine Tätigkeit im Bereich Hochschulrecruiting bei Accenture und die Verantwortung für das deutschlandweite Hochschulmarketing bei Ernst & Young in Frankfurt. Seit Januar 2007 leitet Sehnaz Özden das globale konzernweite Employer Branding & Recruiting bei der Continental AG in Hannover und stellt die strategischen Weichen. Sehnaz Özden war während ihres Studiums aktiv bei der internationalen Studentenorganisation AIESEC und war u.a. Vorsitzende eines deutschen Lokalkomitees. In den Jahren 2005 bis 2007 war sie ehrenamtliche Vorsitzende der deutschen Alumniorganisation von AIESEC (AAG e.V.) und ist als Referentin für den Themenbereich Employer Branding & Recruiting auf verschiedenen HR-Kongressen im In- und Ausland. E-Mail: Sehnaz.Oezden@conti.de

Mag. Martin Poreda ist Co-Gründer und Geschäftsführer der Arbeitgeber-Bewertungsplattform www.kununu.com. kununu zählt zu den führenden HR Social Media Diensten und wird mit Diensten wie Facebook, XING und Twitter in einem Atemzug genannt. Vor der Gründung von kununu.com war Martin Poreda in Konzernen und mittelständischen Unternehmen in den Bereichen Controlling und Key Account Management tätig. Martin Poreda hält regelmäßig Vorträge rund um Themen zu Social Media Recruiting und ist Autor zahlreicher Fachartikel.
E-Mail: martin.poreda@kununu.com

Prof. Dr. Alfred Quenzler ist seit 2009 Professor an der Hochschule für angewandte Wissenschaften Ingolstadt für Internationales Personal- und Organisationsmanagement. Seine Forschungsschwerpunkte sind Employer Branding, Talent Relationship Management, Retention Management, HR-Controlling und Unternehmenskultur. Davor war er in unterschiedlichen Funktionen bei der AUDI AG beschäftigt. Quenzler leitete von 2002–2009 mit zuletzt 45 Mitarbeitern die Abteilung Internationales Personalmarketing der AUDI AG für die deutschen Standorte Ingolstadt und Neckarsulm mit be-

ratender Tätigkeit für die internationalen Standorte. Der Verantwortungsbereich umfasste das Employer Branding, Talent Relationship Management, Internationales Hochschulmarketing, Recruiting, Nachwuchsprogramme und die Bildungspolitik.
Zusätzlich ist Quenzler Beirat im Queb e.V. und leitet dort den Arbeitskreis HR Marketing- und Recruiting-Controlling. Seit Januar 2011 ist Quenzler Partner der Promerit Management Consulting AG, mit Sitz in Frankfurt und München.
E-Mail: alfred.quenzler@haw-ingolstadt.de

Prof. Dr. Anja Seng lehrt seit 2002 an der FOM Hochschule für Oekonomie & Management schwerpunktmäßig im Fachbereich Personalmanagement. In zusätzlichen Funktionen wie Wissenschaftliche Studienleitung MBA am Studienzentrum Essen sowie Modulleitungen unterstützt sie die inhaltliche Entwicklung des FOM Studienprogramms. Durch vielfältige Forschungsaufträge in Themen des Personalmarketing/Employer Branding sowie Genderforschung sorgt sie für eine gute Verknüpfung von Theorie und Praxis, Wissenschaft und Lehre. Prof. Dr. Anja Seng ist neben ihren Aufgaben an der FOM beratend mit Schwerpunkt Personalmarketing tätig.
E-Mail: anja.seng@fom.de

Susanne Siebrecht ist seit Oktober 2011 Department Manager bei der Media-Saturn-Holding GmbH. Zuvor leitete sie von 2008 bis 2011 den Bereich Personalmarketing bei der Benteler Deutschland GmbH (ehem. Benteler AG), am Standort Paderborn für die gesamte Benteler-Gruppe, und verantwortete u. a. die Arbeitgeberpositionierung, Mitarbeiterbefragungen und das globale Bewerbermanagementsystem. Von 2004 bis 2008 war sie als Managerin HR Marketing/Strategic Recruiting im weltweiten Personalbereich des Geschäftsbereiches Automobiltechnik verantwortlich. Von 1999 bis 2004 im Geschäftsbereich Automobiltechnik, HR Northern Europe, baute sie den Bereich Personalmarketing und -entwicklung neu auf. Vor dem Wechsel zur Benteler-Gruppe hatte sie von 1989 bis 1999 verschiedene Positionen im Personalmanagement (u. a. Personalentwicklung, Payroll, Controlling) eines Energiekonzerns inne.
E-Mail: siebrecht@media-saturn.com

Michael Tobler begann seine Tätigkeit im Lufthansa-Konzern bei der IT-Tochter Lufthansa Systems. Nachdem er zunächst für die IT-Ausbildung und die Entwicklung des neuen Berufsbilds Fachinformatiker verantwortlich war, verlagerte sich der Schwerpunkt seiner Tätigkeit in den Bereich Marketing, Corporate Design und Brand Management. Ab 2002 leitete er verschiedene IT-Projekte zur Implementierung und zum Ausbau eines konzernweiten Online-Bewerbungssystems im Konzern-Personalmarketing der Deutschen Lufthansa AG. Daneben war er für die Etablierung der Arbeitgebermarke „Be Lufthansa" und der Karriere-Webseite als zentrale Personalmarketing-Plattform des Konzerns zuständig. Seit 2006 ist Michael Tobler für die gestalterische und inhaltliche Umsetzung und Weiterentwicklung der Lufthansa Arbeitgebermarke verantwortlich.
E-Mail: michael.tobler@dlh.de

Astrid Witrahm, Dipl.-Kffr., war von 1996 bis 2002 in verschiedenen Personalfunktionen des ThyssenKrupp-Konzerns tätig, zuletzt als Personalreferentin für die Aufgabengebiete Personalmarketing und Personalentwicklung der ThyssenKrupp Information Services GmbH. 2003 wechselte Frau Witrahm zum Haniel-Konzern und war dort für die Führungskräfte-Entwicklung der Xella International GmbH, eines ehemaligen Geschäftsbereiches der Haniel-Gruppe, verantwortlich. Zur Zeit befindet sie sich in der Familienpause.

11.4 Stichwortverzeichnis

Absolventen 68
AGG, Allgemeines Gleichbehandlungsgesetz 20
Alleinstellungsmerkmal 16, 34, 37, 40, 80 f.
Alumni, Alumni-Programme 54, 58
Arbeitgeberpositionierung 33 f., 36, 53, 57
Arbeitgeberranking 143
Arbeitszeitmodelle 54, 56, 94
Attraction 18, 22, 38, 74 f., 78 f.
Authentizität, authentisch 70, 80, 94, 105, 131 f., 185
Average Time to Fill 156 f., 160

Balanced Scorecard 144 f., 161
Behavioral Branding 105 ff.
Benchmark 150
Bewerbermanagementsystem 50, 59
Bewerbungszyklus 78
Bildwelt 33, 37, 39 f., 60
Blog, Blogging 115, 132, 134
Brand Ambassadors 116
Brand-Behavior-Funnel, Funnel 112
Brand-Touchpoints 106

Campus-Roadshow 82
Candidate Experience 183 ff.
Candidate Satisfaction 153, 157
Commitment 41, 86 f., 109, 111 f., 116, 145
Controlling, Personalcontrolling 16, 24, 44, 139 ff., 143

Conversion Rate (TRM) Programs 153, 157
Corporate Design 37, 166, 184, 197
Corporate Identity 135
Corporate Social Responsibility, CSR 24, 54, 58, 182
CoTweet 132
Cross-Impact-Analyse 32

Datenschutz 20
Delphi-Studien 32
Demografiemanagement 167
Differenzierungsfaktoren 110
Digital Natives 123 ff., 137

Echtzeitkommunikation 128, 133, 137
Emotionalisierung 114
Employer Communication 71 f., 89 f.
Employer of Choice 74
Employer-Branding-Controlling 139, 147 ff., 150 f., 160 f.
Events 56 f., 73, 115
EVP, Employer Value Proposition 13, 15 f., 18, 34, 37, 40 ff., 53, 167
External Candidate Source 156, 158
External New Hire Source 156, 158

Facebook 65, 77, 89, 92, 123 f., 126 f., 128, 133, 135 ff., 186
Feeds 79
Follower 131, 136

Generation Y 9, 57, 75 ff.
Glaubwürdigkeit, glaubhaft 42 f.,
 54, 70 f., 94, 110, 138, 166
globale Marken 96
Google Alerts 132
Google+ 65
Guerilla-Marketing 134

Hiring Manager Satisfaction 153,
 156 f.
Hochschulmarketing 54, 57, 172,
 176 ff.

Identifikation 15, 77, 83, 85, 88,
 108, 117, 152, 175
Image 14, 34 f., 37, 43 f., 58, 65 ff.,
 70, 85, 92, 111, 133, 151, 154
indirekte Kommunikation 70
Informationskampagne 120
Ingenieure 39, 47, 59 ff., 100 ff.,
 171
Integration, Mitarbeiterintegration 55, 84, 113, 116, 120, 131,
 158 ff.
Internal Branding 105 ff., 108,
 111 ff., 114 ff.
Internationalität 36 f., 40
Interview Ratio 156 f.
Involvement, Betroffenheit 66 f.,
 86

Karriereportal, Karrierewebsite
 49, 65, 67, 70, 77, 80, 91, 174,
 183 ff.
Kaskadenkommunikation 114
Kennzahlen 139 ff., 142 f., 147,
 152, 157 ff., 160 f.
Key Performance Indicators, KPI
 140 f., 153, 156, 159, 161

Keyvisual 37 ff., 61
Kontaktanbahnung 80 f.
Kontaktaufnahme 80 f., 118, 134
Kontaktintensität, Phasen der
 Kontaktintensität 80, 84 f.
Kontaktpflege 70, 80, 84, 179
Kontaktpunkte 106, 108, 111 ff.,
 116 f., 179
Kontaktverdichtung 80, 82 f., 84
Krise 45, 48
Kulturcheck 96
Kununu 92, 126 f., 129 f., 133,
 136 ff., 186

Leadership Branding 105 ff., 109
Leitbild 117
LinkedIn 123, 126
Local Brand, lokale Marken 95

Markenarchitektur 42 f., 96
Markenbotschafter 53, 108, 116,
 164
Markenführungsprozess 42 ff.
markenkonform, markenkonformes Verhalten 17, 54, 56 ff.,
 73, 105 ff., 111 f., 116, 164
markenorientierte Führung 15,
 110, 115
Mediale Kommunikation 70
Mentor, Mentoring, Mentoringkonzepte 98 f.
Messe, Karrieremessen, Kongress
 44, 57, 100
Mishire Rate within 12 Months 157
Mitarbeiterbefragung 48, 121, 142
Mitarbeiter-TV 56
Mitarbeiterzeitung 56
Mittelstand 171 ff., 176 ff., 179
Monitoring 132

nachhaltig, Nachhaltigkeit 116, 181
Netzwerke 44, 123 ff., 128, 138, 174
New Hire Satisfaction 156 f.
Newsletter 70, 89 f., 115

nonmediale Kommunikation 70
normatives Commitment 86

Online-Medien 132
operatives Employer Branding 15 ff.
Organisationswahl, Phasen der 66
Organisationswahl 67 f., 170

Personalbedarfsplanung 31
Personalkommunikation, Kommunikation 12, 14, 17 f., 28, 39, 44, 53 f., 56 f., 60 f., 65 ff., 69 ff., 88 f., 90, 92, 106, 113 f., 117 ff., 123, 125, 128, 131, 166, 181
Persönliche Kommunikation 66, 70 f.
Portfolioanalyse 30
Praktikum, Praktika, Internship 30, 67, 83 f, 97 f., 100 f.,
Pressemitteilung 91,
Printmedien, Druck 81
Produktmarke 11, 23, 26 f., 42 f., 48, 95
psychologischer Vertrag 86

Queb-Dashboard 158

Rekrutierung, Recruitment, Recruiting 12, 14, 40, 54, 75 f., 79 ff., 118, 126, 137 f., 141, 156, 170 f., 177, 182

Retention, Retentionmanagement, Bindung 12 f., 18, 41, 58, 67, 70, 73, 77, 84 ff., 87 f., 99, 101
Roadmap 78
Role-Model 109

Scorecard, Marken-Scorecard 117, 144
Social Media, neue Medien, Web 2.0 57, 67, 69 f., 76, 92, 65 ff., 125 ff., 130 ff., 135 ff., 165, 167
Sponsoring 84, 92
Stakeholder, Anspruchsgruppen 14, 17, 86, 105, 163, 166
Storytelling 106, 115 f.
Strategieprozess, Strategisches Employer Branding 15, 18, 19 ff., 42
StudiVZ 124, 126
Symbole 115

Talentmanagement 155, 167, 172 ff., 176, 179, 181 f.
Technorati 132
Testimonial 41, 79, 115, 184
Time to hire 145, 152
Touchpoint-Analyse 55, 112 f.
Trainee 30, 75, 98
Transparenz, transparent 55 f., 88, 115, 131, 144, 148, 150
Trendanalyse 32
Trend-Szenarien, Szenario-Technik 32
Twitter 89, 92, 123, 126, 128, 131 ff.

Umfragen 91
Unpersönliche Kommunikation 69

Unternehmenskultur, Kultur, Culture, Corporate Culture 23, 26, 49, 96, 118, 167, 176, 182
Unternehmenswerte, Werte 23, 29, 48 f., 86 ff. , 112 f., 117 ff., 120

Vergütungsmodell 55
vier Ebenen des Personalcontrollings 146

War for Talents 9, 89, 171
Web 2.0 71, 92, 114, 165 f, 181, 185
Welcome-Day 56
Werkstudent 97 f.
Wirkungsgefüge 154
Wirkungsanalyse 28 f, 153, 155
wiwi-treff.de 186
Work-Life-Balance 92, 94, 166

Xing 92, 123, 126 f., 133, 135 ff.

Young Professionals 75, 88, 138
YouTube 124, 126, 128, 133, 137

Zielgruppe, zielgruppenspezifisch 14 f., 16 f., 19, 31, 34 f., 41 ff., 53, 57, 61 ff., 73 ff., 78 ff., 97, 123
Zukunft, Arbeitgeber der Zukunft 75 f.

Change Management

Personaler als Change Agents

Personaler können als Change Agents erfolgreich Veränderungsprozesse gestalten und steuern. Das Buch gibt Antworten auf vier Leitfragen: Was ist Change Management? Welche Herausforderungen ergeben sich daraus für das Personalmanagement? Welche Rolle spielt das Personalmanagement dabei? Welche Instrumente stehen ihm zur Verfügung? Mithilfe einer Profilmatrix lassen sich Veränderungsprozesse einordnen, beschreiben und planen. Verschiedene Instrumente und Checklisten bieten konkrete Hilfestellung. Mit Fallbeispielen aus den Unternehmen ThyssenKrupp Nirosta GmbH, KPMG, TMD Friction Group und TRW Automotive.

DGFP e.V. (Hg.)

Herausforderung Change Management

Mit professioneller Personalarbeit Veränderungen zum Erfolg bringen

DGFP-PraxisEdition, 98

2011, 132 S.,
29,– € (D)
ISBN 978-3-7639-3862-9
ISBN E-Book 978-3-7639-4840-6
Best.-Nr. 6001964

wbv.de

W. Bertelsmann Verlag
Bestellung per Telefon **0521 91101-11** per E-Mail **service@wbv.de**

Personalmanagement

Nachhaltige Personalarbeit

Nachhaltiges Handeln ist für Unternehmen ein wirtschaftlicher Faktor. Auch das Personalmanagement leistet dazu einen Beitrag:

- Welchen Aufgaben und Anforderungen muss sich ein nachhaltiges Personalmanagement stellen?
- Wie lassen sich Konzepte und Steuerungssysteme gestalten?

Unternehmensbeispiele zeigen den Einsatz in der Praxis.

DGFP (Hg.)
Personalmanagement nachhaltig gestalten
Anforderungen und Handlungshilfen
DGFP-PraxisEdition, 99
2011, 160 S.,
29,– € (D)
ISBN 978-3-7639-3863-6
ISBN E-Book 978-3-7639-3864-3
Best.-Nr. 6001965

wbv.de

W. Bertelsmann Verlag
Bestellung per Telefon **0521 91101-11** per E-Mail **service@wbv.de**

Personalmanagement

Modell für ein integriertes, professionelles Personalmanagement

Die Autoren beschreiben übergeordnete und mitarbeiterbezogene Handlungsfelder der betrieblichen Personalarbeit und verdeutlichen, welche Prozesse, welche Instrumente und welche Inhalte ihre professionelle Ausgestaltung prägen. Dadurch bieten sie Praktikern eine konkrete Konzeptions- und Gestaltungshilfe, mit der sie die unterschiedlichen Herausforderungen in den Griff bekommen.

DGFP e.V. (Hg.)
Integriertes Personalmanagement
Prozesse und professionelle Standards
DGFP-PraxisEdition, 93
2. Auflage 2012, 276 S.,
29,– € (D)
ISBN 978-3-7639-4978-6
ISBN E-Book 978-3-7639-3126-2
Best.-Nr. 6001960a

wbv.de

W. Bertelsmann Verlag
Bestellung per Telefon **0521 91101-11**   per E-Mail **service@wbv.de**